# ニュースがわかる 国境学

池上 彰 責任編集
増田ユリヤ

KADOKAWA

国境について
理解すると
どうしてニュースが
わかるのですか？

# B

# BORDER STUDIES

国境は誰が
どのように
決めたものですか？

国境を巡る争いは
どうしたら
なくなるのですか？

# 国境学とは？

国境と聞いて思い浮かぶ
ことはなんでしょうか。
為政者同士の争いや
時には地形、思想の違いで
国境を巡る人々の思いが
立ち上ってくるはずです。

## 池上 彰

ジャーナリスト　AKIRA IKEGAMI

様々な国の取材を通して
国境に翻弄された人たちと
出会いました。
見て聞いて考えた
「国境」について
複数の視点から伝えます。

# 増田ユリヤ

ジャーナリスト　JULIA MASUDA

国境は争いの歴史ですね
——池上

## 編集会議で…

それぞれのテーマを持って世界中で
取材して「国境」を越えてきた池上さんと増田さん。
どういった切り口で「国境」をとらえるかを
決める会議となりました。

冷戦がもたらした国境も
多いですね ——増田

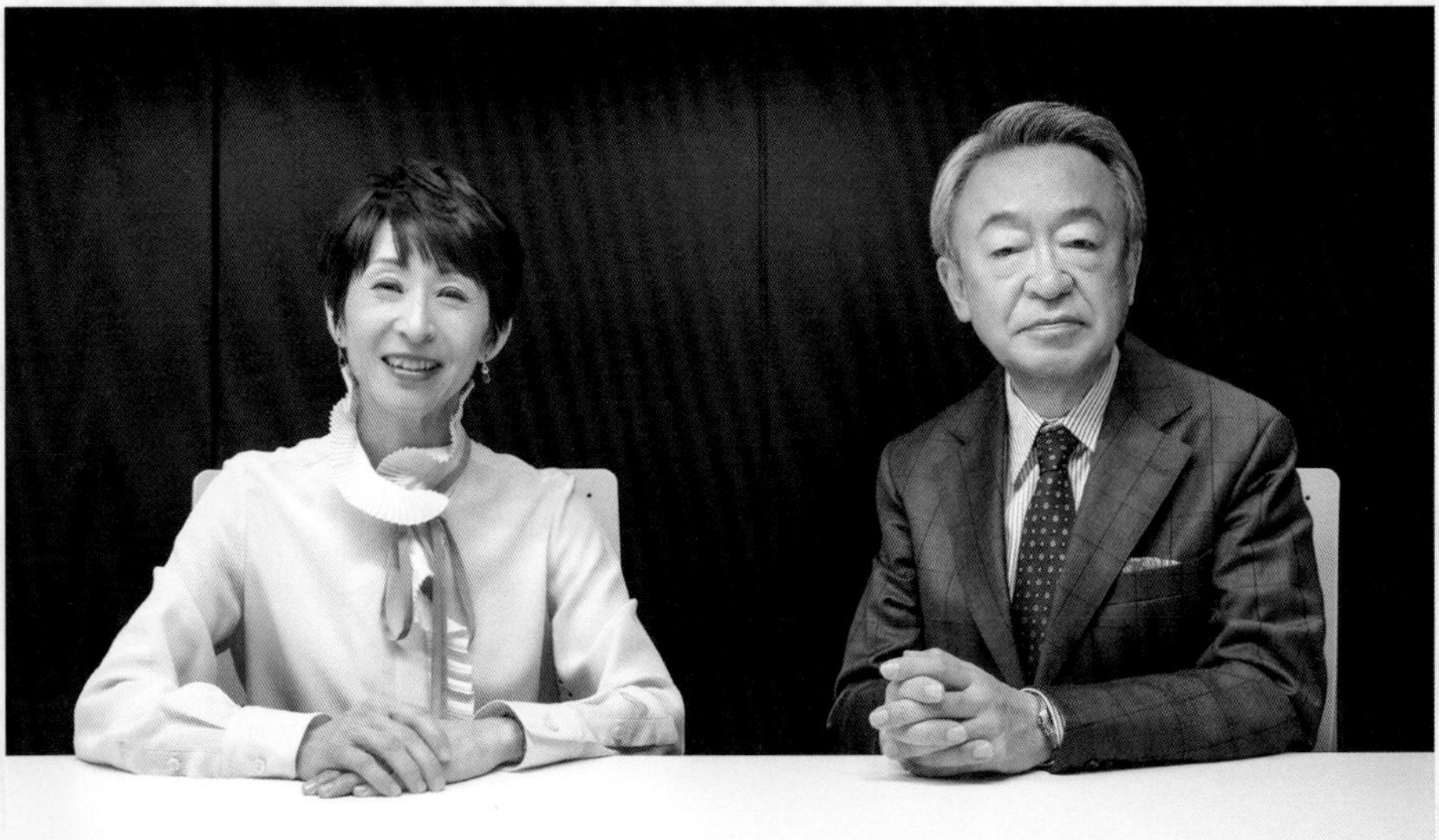

ベルリンの壁が壊れた日の
驚きは忘れません

いまこの時も
**領土を巡る**
**争い**がある
悲劇

**民族のアイデンティティ**は
重要です

国境を理解すると
**世界情勢**がわかります

未だに**国境**が
**定まらない国**が
ある現実

**アフリカの**
**不自然な**
**国境線**が
象徴するものは

**話し合いで決まった**
**国境**があるのは希望です

# 世界中の国境は どのように作られたでしょう？

島国、日本にもある
国境問題って？

➡ CHAPTER ③ へ　P83-

チリとアルゼンチンが
話し合いで決着できた理由は？

➡ CHAPTER ② へ　P53-

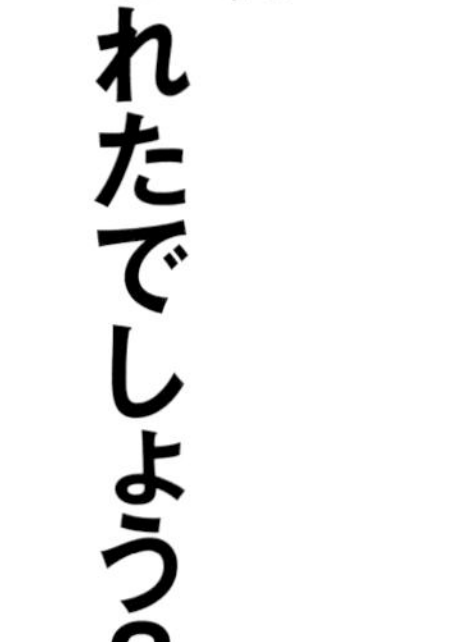

フィンランドとの国境を
巡って戦い続けた国は？
CHAPTER ① へ P13-
ベルリンの壁って
国境じゃなかったの？
CHAPTER ⑤ へ P143-
国境問題が核保有に
まで発展した国々は？
CHAPTER ⑥ へ P181-
アフリカの国境線って
どうして直線が多いの？
CHAPTER ④ へ P109-

# CONTENTS



## CHAPTER 1 負の歴史が詰まった領土争いの結果…国境は戦争によって決まりました

CHAPTER 2

## あらゆる交渉を経て決まったことも国境は話し合いで決まりました



CHAPTER 3

## 厳しい環境が生み出した国境は自然地形で決まりました

CONTENTS

CHAPTER 5

# 東西冷戦時代から世界を二分した国境はイデオロギーで決まりました

CHAPTER 6

## 現在進行形で争いが続いている現実 国境はまだ決まっていません




STAFF

| | | | | | |
|---|---|---|---|---|---|
| アートディレクション | 俵 拓也 | イラスト | 市村 譲（カバー） | DTP・図版 | エストール |
| デザイン | 俵社 | | 林田秀一（似顔絵） | 校正 | 鷗来堂 |
| 撮影 | 西村彩子 | | 水谷慶大（中面） | 編集協力 | 梶原麻衣子 |
| ヘアメイク | 久保りえ | | | 編集 | 若松友紀子（KADOKAWA） |

※本書の情報は2024年1月時点のものです。

CHAPTER

1

# 負の歴史が詰まった領土争いの結果…

# 国境は戦争によって決まりました

これまで世界で起こってきたほとんどの戦争の原因は
「国境」をめぐってのものと言っていいでしょう。
今の国境と世界の在り方を理解するために
歴史をひも解いていきます。

— BORDER STUDIES —

# かつてカリスマ指導者によって奇跡的にまとまっていた地域が存在していた

**1人のリーダーの死が、1つにまとまっていた国を内戦によって7つに分裂させる契機となってしまった。**それが「ヨーロッパの火薬庫」とも呼ばれるバルカン半島に誕生し、崩壊した国家・ユーゴスラビアです。

まず国境と言えば、必ず例に出される国のお話から始めましょう。

**リーダーの名前はチトー。**第二次世界大戦で活躍した将軍で、1945年から実に35年にわたってユーゴスラビアを率い、社会主義路線をひた走りました。多様な民族が住んでいたことからまとめるのが難しかったこの地域が、曲がりなりにも1つの国家として成り立っていたのは、このチトーのカリスマ性によるところが大きかったのです。

ユーゴスラビアはなぜ、分裂してしまったのでしょうか。

東アジア、中東、北アフリカ、中・東欧にまたがる地域を支配していたオスマン帝国が20世紀になって弱体化すると、バルカン半島に住んでいた南スラブ人など多様な民族が独立を要求するようになります。

さらにはそうした民族意識を利用しようとする帝国の意志などが入り混じり、1912年に

Masuda's memo

チトー　本名はヨシップ＝ブロズで、愛称のチトーはティトーと表記されることも。東欧初の人民共和国を成立させ、独自の社会主義国の建設をすすめた。

バルカン戦争が勃発します。これによってオスマン帝国は本格的にヨーロッパから手を引くことになりましたが、ドイツ・オーストリアを中心とする勢力（同盟国側）と、フランス・イギリス・ロシアなどを中心とする勢力（協商国側）の勢力争いが激化。

どこから火の手が上がるかわからない、一触即発の状況に置かれていたことから、**バルカン半島は「ヨーロッパの火薬庫」と呼ばれるようになりました。**

実際、第一次世界大戦勃発の契機となった事件は、ボスニアの首都・サラエボで発生します。1908年にオーストリアがボスニア・ヘルツェゴビナを併合したことに不満を抱いたセルビア人青年が、オーストリアの王位継承者であったフランツ＝フェルディナント公とその妻を狙撃し、殺害したことから始まりました。犯行に及んだセルビア人青年は「セルビア第一主義」を信奉する組織の一員。バルカン半島のなかでもセルビア人の住む領域はセルビア人の国として1つにまとめるべきだと考えていたため、ボスニア・ヘルツェゴビナがオーストリア＝ハンガリー帝国に併合されることに強く反発していたのです。

セルビア政府はこの事件に関与していなかったものの、事件を契機にオーストリアがセルビアに対して宣戦布告。セルビアを支援するロシアが総動員令をかけると、オーストリアを支持する同盟国側のドイツが、協商国側のロシア・フランスに宣戦布告。関係国が同盟関係によって次々に参戦することになり、世界大戦に発展してしまったのです。第一次世界大戦には、欧州から遠く離れた日本も日英同盟を結んでいたことからイギリスに味方して参戦していました。

900万人以上の兵士と700万人以上の民間人の犠牲を出した第一次世界大戦は同盟国側が敗北し、オーストリア＝ハンガリー帝国は解体。民族自決権を重視する風潮から、フィンランドやポーランド、バルト3国をはじめバルカン半島にかけても次々に複数の新国家が成立することになります。

そのうちの1つがユーゴスラビアとほぼ重なる、セルブ＝クロアート＝スロヴェーン王国でした（1929年にユーゴスラビアに改称）。

1939年に第二次世界大戦が起きると、1941年にユーゴスラビアはドイツやイタリアからの侵攻を受けます。この時に対ドイツのパルチザン（革命や占領に反対する市民が組織する非正規軍）として活躍したのが、チトーでした。国としては10日ほどでドイツ軍に降伏しましたが、パルチザンはその後も抵抗を続けたのです。

そして1945年、第二次世界大戦が終わると、ユーゴスラビア連邦人民共和国が成立します。大統領となったチトーは社会主義国でありながらソビエト連邦（ソ連）の干渉を避け、ソ連圏から離脱するなど独自の路線を歩んでいました。

**ユーゴスラビアの多様性は、「7つの国境、6つの共和国、5つの民族、4つの言語、3つの宗教、2つの文字、1つの国家」という言葉で表されます。**こうした地域をまとめ上げるのは至難の業だったはずですが、**チトーは社会主義に基づく労働者の自主管理や地方分権を採用することで、何とか「1つの国家」としての体裁を保ってきたのです。**

# かつてのユーゴスラビアを表す有名な言葉

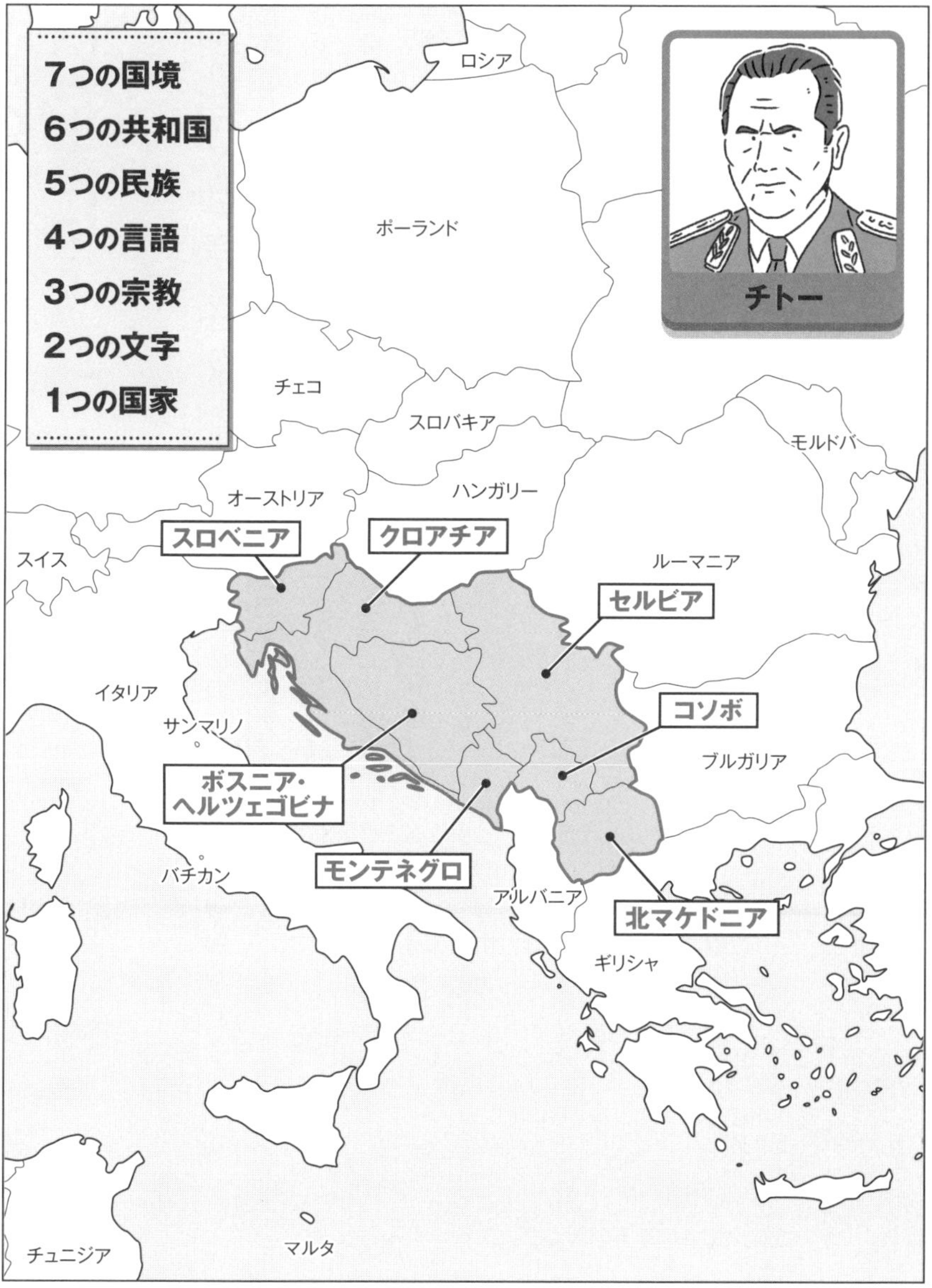

# ヨーロッパの火薬庫、バルカン半島が火を噴いた末に…

**1980年、カリスマ指導者であったチトーが死去すると、彼のリーダーシップでかろうじて1つにまとまっていた諸民族・諸地域が分裂・内戦へと向かいます。**

1991年6月、スロベニアが独立を宣言し、クロアチアがこれに続くと、セルビア・モンテネグロからなる新ユーゴスラビア連邦がこれを認めず、内戦に陥ります。クロアチアではセルビア人勢力に世界遺産が破壊されるなど激しい戦闘になりましたが、1992年4月に国連が平和維持部隊を投入したことで停戦となります。

1992年に今度はボスニア内戦が勃発。セルビア人、クロアチア人、ムスリムなど多様な民族や宗教が入り混じるこの内戦では、強制収容や虐殺などが発生しました。なかでも1995年7月に起きたスレブレニツァの虐殺事件は、第二次世界大戦以降のヨーロッパでもっとも多くの被害を出した大量虐殺とされています。セルビア人部隊がイスラム教徒であるボシュニャク人を大勢、手にかけたのです。

サラエボでは1984年に冬季五輪が開催されました。しかしボスニア中で起きた激しい内戦を経て、オリンピック開催時に使われた競技場の多くが、内戦で死亡した人々の埋葬地にな

Masuda's memo

**ボスニア内戦** 旧ユーゴスラビアからの独立を巡って勃発。1995年11月、アメリカのオハイオ州デイトンの空軍基地で発表された「デイトン合意」と、12月にパリで調印された和平協定で終結。

ったほどでした。**少なくとも20万人と言われる死者が出たうえ、各地に埋められた地雷もまだあちこちに残っている状況です。**

あまりにも凄惨な状況だったために国連（国際連合）だけでなく、1994年以降はNATO（北大西洋条約機構）も本格的に介入し、空爆などを行ってセルビア人勢力に停戦を承諾させました。多くの死者や難民をうんだ内戦は、**1995年12月、アメリカの仲介によってボスニア・ヘルツェゴビナ和平協定が成立したことで終結し、一応の和平が実現しました。**

その協定によってボスニア・ヘルツェゴビナはボスニア・ヘルツェゴビナ連邦とセルビア人共和国（現・スルプスカ共和国）の2国家連合体として存続することになり、現在に至ります。

こうした紛争を経ることなく、住民投票によって平和裏に独立を達成したのが1991年に独立を宣言した（北）マケドニアです。しかし2001年からはアルバニア系武装勢力と政府軍が衝突する紛争が発生し、NATOの仲介でなんとか収まりました。2020年にはNATOにも加盟し、将来的なEU（欧州連合）加盟をも目指しています。

1998年からセルビア系住民と独立を望むアルバニア系住民による紛争が起き、やはり凄惨な虐殺事件が起きたのがコソボです。セルビアのコソボ地域は以前からアルバニア人が暴動を起こすようになり、セルビア指導部は何とか統一を維持しようと画策してきました。

セルビアにとってコソボは中世のセルビア王国のルーツがある土地で、セルビア正教という宗教の中心地でもあるのです。そのため、セルビアはコソボを独立させたくなかったのです。

ここにはロシアがウクライナに対し、「ウクライナにはロシア帝国やロシア正教のルーツがあり、西側に転落するのを阻止するのはロシアの役目」という口実で侵攻を正当化しているのと同じ構図が見られます。

コソボでは独立運動が展開されましたが、セルビアは阻止するために武力行使に及び、内戦に発展します。セルビアに対しＮＡＴＯが空爆を行ったため、１９９９年に停戦に至りました。そして２００８年にようやく、コソボがセルビアから独立を果たします。

２０２０年までに１００の地域や国がコソボを独立国として承認している一方、国内に民族問題を抱えるロシアやスペインなどは、「民族自決権を盾に、国内の少数民族に分離独立を主張されてはたまらない」と承認していません。

また２００６年にモンテネグロも平和的な国民投票で独立を達成。２００３年にはセルビアと一緒に共和国を構成していましたが、ＥＵ入りのために袂《たもと》を分かちました。

**こうして旧ユーゴスラビアはスロベニア、クロアチア、セルビア、ボスニア・ヘルツェゴビナ、モンテネグロ、コソボ、北マケドニアの7つの国に分裂することになりました。**

しかしこれできれいさっぱり、民族分布と国境線が一致したわけではありません。ボスニア・ヘルツェゴビナはボシュニャク人とクロアチア人中心のボスニア・ヘルツェゴビナ連邦と、セルビア人中心のスルプスカ共和国によって構成されていますが、**互いの領域はボスニア・ヘルツェゴビナ国境内で複雑に入り組んでいます。**

取材で訪れたボスニア・ヘルツェゴビナの首都・サラエボには、内戦の爪痕が今も残っており、街中では内戦の戦闘中にケガを負った傷痍軍人を見かけることも少なくありません。また、サラエボとの境界を越えてスルプスカ共和国に入ると、焼け残ったホテルや地雷原を示す看板も見られます。内戦によって難民になった人たちの中には、ヨーロッパへ逃げ込んだ人たちもいます。

2023年9月には、セルビアがコソボとの国境付近に大規模な軍隊を派遣し、緊張が高まりました。NATOがウクライナに侵攻したロシアへの対処で手いっぱいなところを狙ったともみられ、**バルカン半島でくすぶってきた火種が再び大きく火を噴くのかが懸念される状況です。**

## セルビアVSコソボ　対立の構図

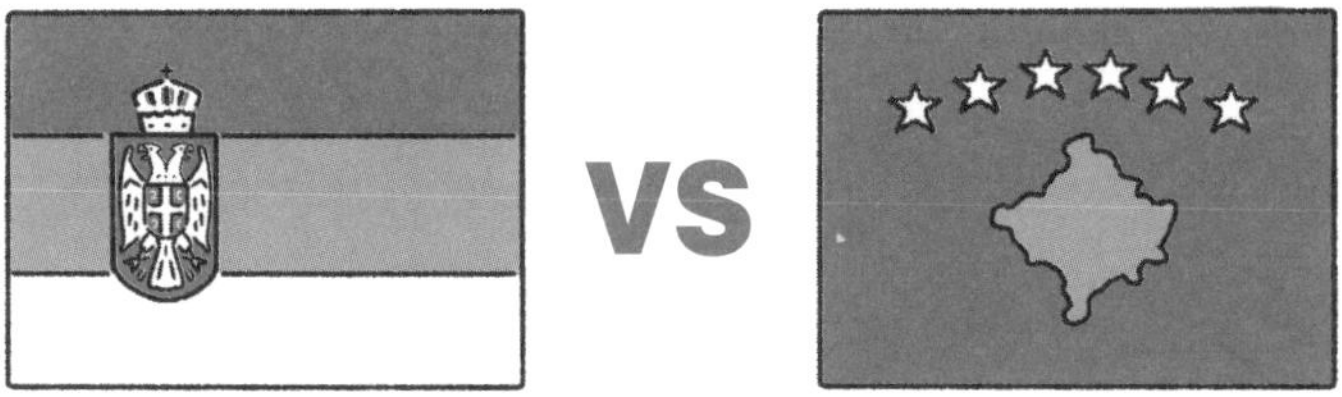


### セルビアとコソボの関係

コソボはセルビア正教の中心地で、セルビア王国のルーツがある。そのためセルビアはコソボを独立させたくなかった。しかし、コソボは独立を果たしコソボ共和国に。セルビアはスラブ系民族が多くを占め、東方正教の信者が多い。コソボはアルバニア人が9割、イスラム教徒が多い。

# 争いを続けて行ったり来たりの歴史をもつのがドイツとフランス国境

2016年にイギリスが国民投票でEU離脱を決め、実際に2020年に離脱して以降、名実ともにEUを牽引するリーダーとしての存在感を強めているのがドイツとフランスです。しかし**歴史的に見ると、ドイツとフランスは何度も戦争を行い、国境線を争ってきました。**その舞台の1つが、ドイツとフランスの間に位置し、現在はフランスの領土であるアルザス・ロレーヌ地方（ドイツ語読みでは「エルザス・ロートリンゲン」）です。

このフランス北東部に位置するアルザス地方の中心都市がストラスブールです。**現在、ストラスブールには、欧州議会や欧州評議会、欧州人権裁判所など複数の国際機関が置かれています。**なぜこの場所が選ばれたのか。その理由は、アルザス・ロレーヌ地方を巡る国境線の戦いから読み解くことができます。

**1618年、当時神聖ローマ帝国と呼ばれていたドイツを舞台に宗教戦争が始まります。いわゆる「三十年戦争」です。**ルターによる宗教改革後のドイツでは、宗教改革によって誕生した新教プロテスタントと旧教カトリックの対立が起きていました。中でもベーメン地方（ボヘミア。現在のチェコの一部）では、熱心なカトリック教徒がベーメンの国王となり、住民にカトリックを強制してプロテスタントを弾圧しました。これをきっかけに、新旧両派の対立がド

Masuda's memo

三十年戦争 ベーメン（ボヘミア）の反乱を契機に1618年から1648年まで続いた国際的宗教戦争。敗北した神聖ローマ帝国は分裂が決定的になった。

イツ国内に広がり、さらには周辺諸国を巻き込んだ三十年戦争につながっていったのです。

この戦争では、新教国デンマークがイギリスとオランダの支援を受けてドイツに攻め入ります。一方、旧教国側は戦争が始まった翌年、ベーメン王がドイツ皇帝となり、スペインの支援を受けて応戦します。傭兵隊長ヴァレンシュタイン率いる皇帝軍が優勢になると、新教国側は、スウェーデンの国王グスタフ＝アドルフが戦いに加わる事態に。

さらに、旧教国であるはずのフランスが、新教国側と同盟を組んでドイツ皇帝と戦い始めました。ドイツ皇帝もスペイン王も、ともにハプスブルク家出身です。つまりフランスは、東西をハプスブルク家に包囲されていて、両者と対立関係にあったのです。宗教対立から始まった争いは、フランス対ハプスブルク家の戦いへと様相を変化させていきました。

延々と続く戦争。実に開戦から26年経った１６４４年になって講和会議が始まり、30年目の１６４８年にウェストファリア（ウェストファーレン）条約が締結されます。これによってオランダとスイスの独立が承認されるとともに、神聖ローマ帝国内の３００もの諸邦が主権を得ることになりました。そしてライン川左岸のアルザス地方と、ロレーヌの一部はフランス領に併合されることになったのです。この地方では鉄鉱石と石炭が採れることも大きな魅力でした。

神聖ローマ帝国は30年にわたる戦争で、すっかり疲弊してしまいました。各国も「もう戦争はうんざりだ」と考え、戦争よりも外交を重視し、**力の大小にかかわらず各国家は同等であることを確認したのがこのウェストファリア条約**だったのです。



Masuda's memo
ウェストファリア条約 三十年戦争の講和条約。アルザス・ロレーヌ地方の帰属やスイス・オランダの独立の他、欧州の主権国家体制確立に寄与したとされる。

# ドイツとフランスの歴史的軋轢はアルザス・ロレーヌを見ればよくわかる

前項よりフランス、ドイツ国境の続きです。しかし「もううんざり」と感じたはずの戦争がヨーロッパからなくなることはありませんでした。1870年、フランスのナポレオン3世がプロイセン（ドイツ）に宣戦布告し、プロイセン＝フランス戦争（普仏戦争）が勃発します。フランスは敗北し、ドイツはフランスのヴェルサイユ宮殿でドイツ帝国成立の宣言と、皇帝の戴冠式を行ったのです。

こうしてアルザス・ロレーヌ地方はドイツ領になりました。このときに書かれた『月曜物語』（ドーデ著、1873年）には「最後の授業」という実に印象的な話があります。**フランス領からドイツ領となったアルザス・ロレーヌ地方での学校を舞台にした物語です。**

〈アメル先生は教壇に上り…優しい重みのある声で私たちに話した。

「みなさん、私が授業をするのはこれが最後です。アルザスとロレーヌの学校では、ドイツ語しか教えてはいけないという命令が、ベルリンから来ました…今日はフランス語の最後のお稽古です」…

アメル先生は…ある民族が奴隷となっても、その国語を保っている限りは、その牢獄のカギを握っているようなものだから、私たちの間でフランス語をよく守って、決して忘れてはなら

Masuda's memo

ヴェルサイユ条約　第一次世界大戦の講和条約。アメリカのウィルソン大統領による「十四か条の原則」が枠組みだが、アメリカは批准せず。ドイツを圧迫する内容がナチ党政権掌握の一因に。

ないことを話した〉（訳文は岩波書店版より）

国境地域や占領地における言語の問題を深く考えさせられる話で、授業の最後にアメル先生は黒板に「フランス万歳！」と書くのです。

しかしここで皆さんは、はたと気づかれるのではないでしょうか。**アルザス・ロレーヌ地方は三十年戦争の結末として、フランス領になった地であることに。つまりこの地方は、元々はドイツ領でドイツ系住民が多く、人々は主にドイツ語の方言であるアルザス語を話していたのです。フランス領からドイツ領になったのはその通りなのですが、いわば元に戻っただけなのです。**

フランスは普仏戦争敗北後、何とかしてドイツに復讐し、アルザス・ロレーヌ地方を取り返したいと考えたため、この地を巡る争いは両国間の国境・領土問題として存在し続けることになります。そして1914年に第一次世界大戦が勃発すると、ドイツ帝国はアルザス・ロレーヌ地方の人々を東部戦線、つまりドイツ・オーストリア軍とロシア軍が対峙する方面へと送り出します。これはドイツとフランスが対峙する西部戦線に送ってしまうと、フランス軍と心を通わせてまともに戦えない可能性があるから、だとも言われています。

1918年、ドイツが第一次世界大戦で敗北すると、1919年にパリで講和会議が開かれ、米大統領ウィルソンが提唱した十四か条を枠組みとしたヴェルサイユ条約が締結されます。これにより、アルザス・ロレーヌ地方はドイツから返還され、再びフランス領となります。さらにドイツは多額の賠償金を課せられることになりました。

しかし平穏の時はほんのわずかでした。1938年にナチスのヒトラー率いるドイツが「生存圏拡大のため」とオーストリアを併合すると、チェコスロバキアの保護国化を経てポーランド侵攻を開始。ポーランドと相互援助条約を結んでいたイギリス・フランスがドイツに宣戦布告し、1939年、第二次世界大戦が始まったのです。

1940年、フランスに進撃したドイツがパリを占領すると、フランス政府はドイツと休戦協定を結び、その過程でアルザス・ロレーヌ地方はまたしてもドイツに併合されることになります。ナチス政権下では徹底してフランス語が禁止され、「ドイツ化」が強制されたといいます。そして1944年8月、ロンドンで抵抗を続けていたド・ゴールの亡命政府、自由フランスがパリを解放。アルザス・ロレーヌ地方も徐々に解放され、1945年、第二次世界大戦が終わると正式にフランスに復帰することになりました。

**ドイツとフランスの間で国境線が変わり、あっちへ行ったり、こっちへ来たりと帰属先を変えることになったアルザス・ロレーヌ。こうした歴史を知ると、過酷な歴史を背負ったストラスブールという都市に国際協調の象徴となる、議会などの国際機関が置かれていることの意味が深く理解できる**のではないでしょうか。

またドイツとフランスの間の歴史的軋轢は今も消え去ってはおらず、「先祖を3代さかのぼ

Masuda's memo

クリスマスマーケット　欧州各地で11月下旬からクリスマスの頃まで開催される。オーナメントやホットワインなどクリスマスゆかりのものを売るための屋台が多く並ぶ。近年では日本でも開催される。

ればドイツ人なのだが、あまり人に知られたくない」というフランス人も少なくありません。しかし隣国として戦争を繰り広げてきた両国が、21世紀の現在に至って欧州統合をリードする存在になっていることに、人類の可能性を感じるのではないでしょうか。

**まさに戦後のドイツとフランスは新たな歴史を紡ぎ始めていて、両国は共同研究で歴史教科書を作成しています。**

ストラスブールはフランス最古のクリスマスマーケットが有名で、毎年、11月下旬から12月25日のクリスマスまで開催されています。イルミネーションに彩られた町に、クリスマスグッズや食べ物の出店が並び、世界中から多くの観光客が訪れます。

私も取材で訪れましたが、カラフルな木組みの家の街並みや名物のソーセージ料理など、フランスの国境線内、ライン川のフランス側にありながらドイツの文化、風土を感じさせるストラスブールの雰囲気に多くの人が惹きつけられることがよくわかりました。こうした歴史を歩んだからこそ育まれた独特の雰囲気も、クリスマスマーケットがにぎわう理由の1つでしょう。

**戦争、国境に翻弄されたアルザス・ロレーヌ地方の人々。**ドイツ・フランスだけでなく、現在は移民も住む国境の町であり、現地を取材した際にはいじめや就労など様々な問題を今なお抱えていることを知りました。しかしようやく戦争のない欧州の理想を掲げ時間を重ねてきたことの重さを、国境を巡る歴史から感じられるのです。

# フィンランドの歴史はソ連との戦争で国境を守り抜いた歴史

**フィンランドはロシア（旧ソビエト連邦、ソ連）との戦いを経て、国境を守ろうという意識が国民の間に今も強く共有されている国です。**

**フィンランドには、西のスウェーデン、東のロシアに占領された歴史があります。**そのため、現在でもフィンランド語とスウェーデン語が公用語ですし、学校ではロシア語も学びます。19世紀はじめにロシア領となりましたが、20世紀初頭にロシア革命が起こり、ロシア帝国が崩壊したことによって独立を果たしました。以来、独立を保つことが国の最重要課題。成年男性には兵役の義務がありますし、希望すれば女性も参加できます。**国連による世界幸福度ランキングで6年連続1位となった、フィンランドの「ほっこりとした」イメージとはまた違った顔をもつ国なのです。**

独立を保つために力を入れてきたのが教育です。２０００年代の初めにＯＥＣＤ（経済協力開発機構）が3年ごとに行う国際学習到達度調査「ＰＩＳＡ」でフィンランドがトップクラスの成績をおさめたことで、フィンランドの教育が世界的に注目を浴びることとなりました。もちろん日本も例外ではありません。落ちこぼれを作らず、子どもの興味・関心をもとに、自ら考え学んでいく力を伸ばす教育に日本も学ぶべきだという声が多く聞かれるようになりました。

Masuda's memo

フィンランドの徴兵制　満18歳になるとフィンランド国民の男性全員に課される義務。国外に住んでいても原則的には徴兵対象となる。女性には志願兵役が認められている。

私自身、取材のために何度もフィンランドの教育現場に足を運びました。でも、なにか特別なことをしていたわけではありません。フィンランドの学校は「楽しく生きる術を学ぶ場所」。**教育の目標は「よき納税者を育てること」だといいます。**そのため、日々の暮らしと関連づけながら学びを深めていく授業を展開していました。

たとえば、小学校の低学年で行われていた「自分の家を世界で一番ステキな場所にするためになにが必要か」というテーマの授業。日本で言えば、生活科に該当します。子どもたちは、そもそも片づけをしていない部屋は居心地がよくないとか、ゴミの分別はどうしたらいいかとか、そんなことから議論を始めて、地域社会や自然環境の問題にまで話が広がっていきました。隣人のアルコール依存症の解決方法や、近くの森でキノコ狩りをしたり、ベリーの実を摘んだりする自然の恵み深い日々の暮らしをどう守っていくのかという具合です。

同様に、中学校でいじめの問題を考えるときにも「学校を誰もが心地よく過ごせる場所にするにはどうしたらいいか」ということを出発点に議論をしていました。いじめたりいじめられたりする子がいたら、気持ちよく過ごせない、という発想ですね。どんな場面でも、教師は子どもたちの意見を聞き、整理して進行する役割に徹していました。そして、時間が足りなくなると、次の授業時間を割いたり、次回に持ち越したりして、納得いくまで議論をさせていました。もちろん、難しい語学や数式などに関しては、ドリル式に詰め込む学びもしていましたが、理科でも算数でも、どの授業にも共通していたのは、日々の生活に生かすことができる学びでした。

学習到達度調査ＰＩＳＡで測られる学力は、義務教育期間に学んだことをどれだけ実際の生活に生かすことができるか、という力を試す調査ですから、フィンランドの成績がトップレベルとなったのもうなずけます。

フィンランドが教育に予算を投じることになったきっかけは、東西冷戦の終結とソ連の崩壊です。隣国ソ連とは経済的な結びつきも強く、ソ連崩壊の影響を受けたフィンランドでは、一時失業率が18％を超える状況になりました。生活保護などの社会保障費と教育費のどちらに比重を置くか考えたときに、将来のよき納税者を育てる方向に舵を切り、功を奏したのです。

フィンランドの学校には、必ず核シェルターが備えられています。これは、東西冷戦の時代から、隣国ロシア（旧ソ連）の核の脅威があったためです。人口約65万人の首都ヘルシンキには、有事の際に避難者を受け入れられるシェルターが90万人分あります。地下駐車場や市民プールなど、あらゆるところが有事の避難場所になるのです。独立を保つための国防意識はこうした部分にもみられます。

## フィンランドとロシアの間の国境は、まさに戦争によって決まりました。

歴史をさかのぼると、フィンランドは12世紀にスウェーデンに征服されてスウェーデン王国の一部となりました。その後、19世紀初頭にスウェーデンがロシアとの戦争に負け、その結果として、フィンランドをロシアに割譲したため、フィンランドは自治権を持つ大公国でありながらロシアの統治を受ける立場になりました。

Masuda's memo

サウナ　フィンランドでは、家庭にも学校にもサウナがある。学校のサウナは障害のある子どものセラピーや、クリスマスなどの行事、教員の忘年会などに利用される。

１９１７年、ロシア革命が起きると、フィンランドは独立を宣言します。しかし第二次世界大戦が始まると、ソ連はフィンランドに領土割譲を迫り、フィンランドがこれを断るとソ連が国境を越えて侵攻してきたのです。

フィンランド側は徹底抗戦。冬戦争と呼ばれる戦いで侵攻してきたソ連軍を壊滅させます。この国土防衛戦争で活躍したフィンランド軍のマンネルヘイム将軍は、今もフィンランドの英雄です。

フィンランドはソ連軍を壊滅させはしたものの、強大な相手であったため講和に持ち込まれ、その条件として領土の10％ほどをソ連に割譲することをのまされてしまいます。１９４１年、独ソ不可侵条約を破ってナチスドイツがソ連に侵攻すると、フィンランドはドイツ軍と組んでソ連領内へ攻め込みます。敵の敵は味方。ナチスドイツと組んだことはフィンランドにとっても背に腹は代えられない、苦渋の選択でした。

**ドイツとは違い、あくまでも祖国防衛、失った地を取り返すことが目的であってそれ以上の侵略が狙いではないというスタンスを明確にするため、フィンランドではこの戦いを冬戦争とひと続きの戦いであるとして、「継続戦争」と呼んでいます。**

ドイツの敗北がほぼ決定的となった１９４４年に、フィンランドは降伏し、ソ連との休戦協定を結びます。冬戦争で失った土地に加え、さらに北部の地方をソ連に割譲させられることになってしまいました。

Masuda's memo

**冬戦争** ソ連とフィンランドが戦った戦争で、フィンランド側のスキー部隊が活躍。狙撃兵として活躍したシモ・ヘイヘ（ハユハとも）の異名は「白い死神」。

さらには、ソ連から「ドイツ軍をフィンランドから追い出すように」との要求を突き付けられ、それまではともに戦い、兵器や食糧支給の協力を受けてもいたドイツ軍と相対することになります。撤退するドイツ軍がフィンランドの村に火を放ち、橋を爆破していくなど、フィンランド国内は敗戦後に戦火に見舞われることになりました。

当時の大統領は、「冬戦争」の指導者で、国の英雄・マンネルヘイムでした。彼が断腸の思いでソ連との休戦を選択したのは、たとえ一部の領土を失ったとしても、フィンランドの国境線を守ること、つまり独立を守ることをなによりも大切に考えたためです。

その後、フィンランドはソ連と友好協力相互援助条約を結び、ソ連崩壊後もロシアと基本条約を締結。1995年にEUに加盟しますが、非同盟中立政策を取る立場から、NATOには加盟しないことを国の方針としてきました。必要以上にロシアを刺激したくなかったのです。

ところが2022年2月のロシアによるウクライナ侵攻を目の当たりにし、これまで貫いてきた非同盟中立方針を転換、2023年にNATOに加盟することになります。同じく非同盟中立政策を取ってきたスウェーデンも、NATO加盟を希望する立場に転じました。「ウクライナはかつて、ロシア帝国の一部だった」というプーチン大統領の侵攻の理由がまかり通ってしまえば、自治領だったとはいえロシア帝国の一部だったフィンランドも同様の事態に見舞われかねない、との危機感が高まったからでしょう。

**かつての国境を巡る戦いが、フィンランドの人々の歴史、記憶には教訓として刻まれていま**

**す。**だからこそ、フィンランドは今も徴兵制を維持し、ひとたび危機となればこれまでの政策、理想を撤回してでも、自国を守ることのできる体制に入るという選択をしたのに違いありません。

フィンランドの教員への取材時に聞いた印象的な言葉があります。

**「フィンランド流の競争力というのは、自国がどうやって自分の足で立つか、といういわば内面に向かった競争です」**

**どうやって自分の足で自立するかを考える教育は、国境を守った歴史にも育まれているのでしょう。**

## EU加盟国の中で一番長いロシアとの国境線

# 海に囲まれた日本にも争いで国境を広げた過去がある

**地上を通る国境を持たない島国の日本ですが、歴史をさかのぼれば戦争によって国境線を外へ外へと拡大したこともあります。また逆に、戦争によって領土を他国に占領されたこともありました。**

前者で言えば、**台湾や朝鮮半島の他、第二次世界大戦時にはパラオやインドネシアなど東南アジアやオセアニアの島を占領していました。**

そして中国大陸に日本が傀儡《かいらい》政権として樹立した満州国も、契機になったのは前者の事例で、満州事変と呼ばれています。

1931年、日本が日露戦争で獲得した遼東半島などの権益を守るために中国大陸に置いていた軍隊である関東軍が、柳条湖《りゅうじょうこ》事件を起こします。いわば自作自演で、自ら爆破しておきながら「中国が事件を起こした」と主張し、関東軍は軍事行動の口実としたのです。これが満州事変で、宣戦布告などの手順を踏んでいないことから、この戦闘は「戦争」ではなく「事変」と呼ばれます。翌1932年、日本は中国政府に統治能力がないために満州地区を統治することができないこと、さらに満州族は自分の国を作るべきだという大義名分によって、満州国独立を宣言させます。

Masuda's memo

関東軍　中国東北部に置かれた日本の陸軍部隊で、南満州鉄道と関東州（遼東半島の先端）を守るのが任務だったためこの名前に。

満州国の〝国境〟は、北はソ連との間にある黒竜江との間、南は朝鮮半島との境目にあり、現在の中国東北部の遼寧《りょうねい》省、吉林《きつりん》省、黒竜江《こくりゅうこう》省を占める広い範囲に及びます。中国との国境は万里の長城を境とし、日本が１９０５年に日露戦争で得ていた遼東半島の日本租借地の北側に位置します。

関東軍は清王朝最後の皇帝だった溥儀《ふぎ》を天津から連れ出して満州国の執政に据え、漢人・満州人・朝鮮人・モンゴル人・日本人の「五族協和」と「王道楽土」を掲げる独立国家であるとの体面を繕いました。

なぜ「体面」かといえば、**軍事はもちろん行政の大部分も関東軍が実権を握っていたからです。満州国が「日本の傀儡政権」と呼ばれるのもそのためです。**

当時の日本にとって、満州（と蒙古＝現在のモンゴル）は「生命線」と考えられていました。満州地区に鉱物資源が眠っていたこと、あるいはソ連の南下を防ぐ緩衝地帯であったこともあります。一方で、日本が昭和恐慌と呼ばれる不況のさなかにあったことで困窮から逃れるべく、満州への移民を決意した家庭が多かったことも大きな理由の1つでした。

実際に多くの日本人が満州農業移民や満蒙開拓団として１９３０年代に大陸に渡り、日本の敗戦で満州国が解体するまでその地にとどまって生活していたのです。戦前・戦中生まれの方の中に出身地が「満州」（中国東北部）である方がたくさんいらっしゃるのはそのためです。

**しかし満州国が傀儡であることを国際社会は見抜いていました。**国際連盟が組織したリットン調査団が、1932年に行った調査によって、「満州における日本の権益は認めるが、満州事変は日本の侵略行為であり、満州国は独立国家として認めることはできない」と認定したのです。しかもこうした調査やそれを受けての真偽を国際連盟が議論している最中の1933年2月、関東軍が満州国をさらに拡大しようと、隣接する熱河《ねっか》省などへ進撃・占領するという軍事行動を起こしたことで、国際的な非難がより高まってしまいます。この非難に納得がいかない日本は1933年3月、国際連盟脱退を通告し、国際的に孤立することになりました。

そして1945年、日本の敗戦によって満州国が崩壊すると、満州国内に残っていた日本人は慌てて日本に帰国しなければならなくなりました。満州引き揚げです。取るものも取りあえず日本へ逃げかえるなかで、家族が離散したり、親が死んでしまったりしたことで孤児として取り残された日本人の子どもたちもいました。こうした日本人の子どもたちは特に「中国残留孤児」と呼ばれています。中国大陸を侵略していた日本人の子どもではあっても、子ども自身に罪はない、と中国人の家庭が養子として育てるというケースも多かったのです。

以前、地方のテレビ局が制作したドキュメンタリー番組が、長野から満蒙開拓団として大陸に渡り、戦後日本に命からがら帰国した男性の人生を追っていました。満州でよく食べた餃子

Masuda's memo
国際連盟脱退　国際連盟総会がリットン報告書を採択し満州国不承認とした決定を不服として日本は国際連盟を脱退。国際的孤立化も国民はこれを支持。

が今も家庭の味ですが、戦後に帰国したのは福島で、福島の地の開拓に励みました。ところが今度は、東日本大震災と福島第一原子力発電所の事故で避難を余儀なくされ、晩年になって元のルーツである長野県へ戻ったというのです。故郷とはいえ慣れない土地で、1人暮らしの男性は病を抱えながら国や時代に翻弄《ほんろう》された人生をとつとつと語っていました。

**満州へ渡り、命からがら日本へ帰国した人たち。あるいは帰国途上で取り残され、中国大陸に残った人たち。いわば、戦争によって事実上の国境が変わってしまったことで影響を受けたとも言え、こうしたエピソードが日本にもあることは忘れてはならない歴史の側面と言えるでしょう。**

## 旧満州国があったのは中国東北部

関東軍

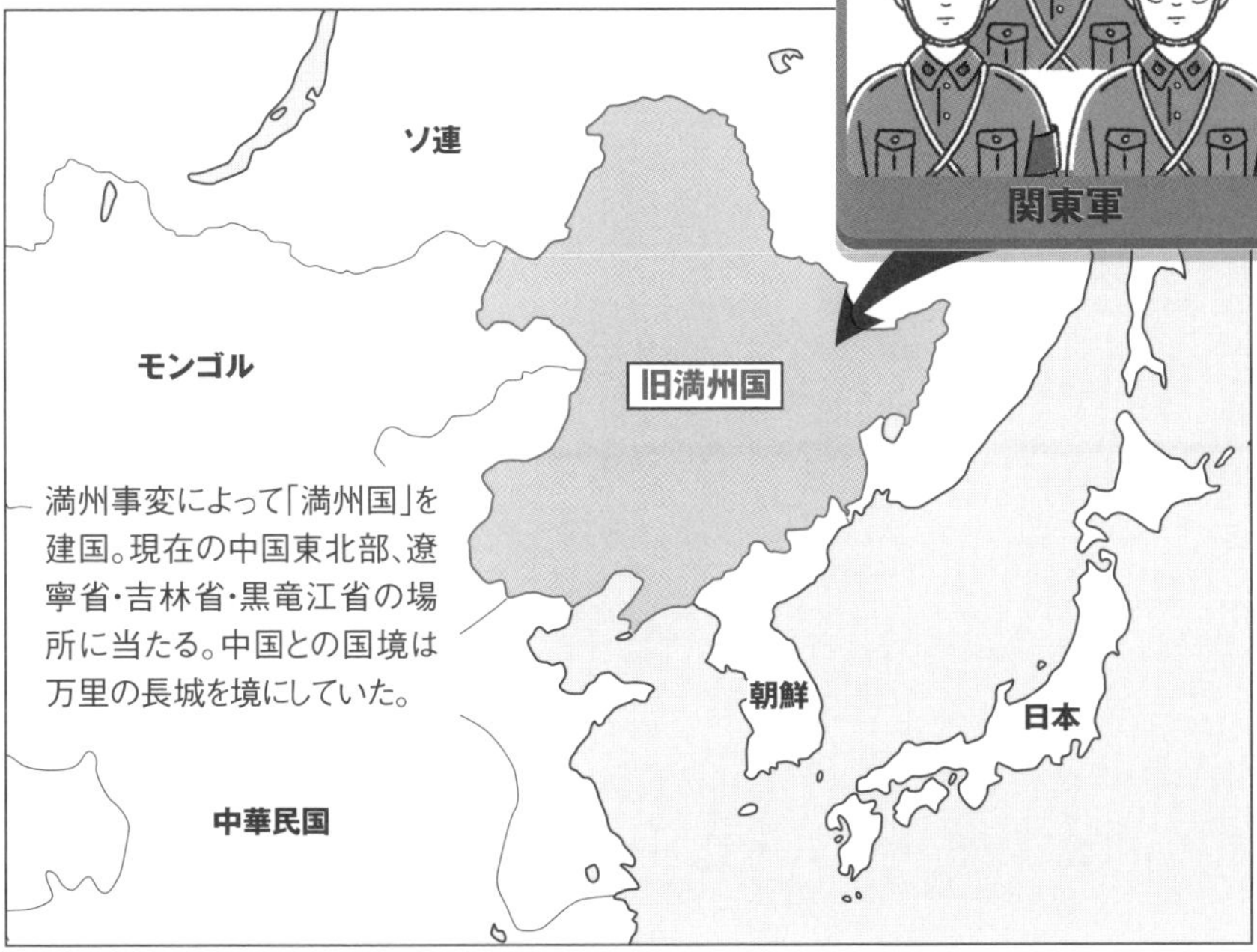
ソ連
モンゴル
旧満州国
満州事変によって「満州国」を建国。現在の中国東北部、遼寧省・吉林省・黒竜江省の場所に当たる。中国との国境は万里の長城を境にしていた。
朝鮮
日本
中華民国

## 同じ日本国内でありながら、事実上の国境が存在した…

一方、満州国が消滅したのとほぼ同時期、敗戦によって日本はアメリカに占領されることとなりました。本土の占領は7年で終了し、1952年には「主権回復」となったのですが、沖縄の施政権はすぐには返還されず、アメリカによる占領が続いたのです。

**アメリカは沖縄の人々による自治を認めて「琉球政府」の設立を許していましたが、実質的には琉球政府の上に設置されたアメリカ民政府（USCAR）が沖縄を統治していたのです。**

日本から沖縄へ渡るときにはパスポートが必要となり、沖縄の道路も車はアメリカと同じ右側通行に。もちろん左ハンドルで、沖縄には米兵が夜な夜な通うキャバレーやステーキ店が乱立状態になりました。物々交換で成り立っていたという沖縄の通貨も、占領開始直後にB円と言われるアメリカの軍票（軍費を賄うために米軍が発行したお札）が使われるようになり、さらに1958年にドルへ切り替えられたのです。

**米兵が闊歩し英語が飛び交う、パスポートなしでは立ち入ることのできない当時の沖縄は、まさに外国。日本列島と沖縄の間には事実上の国境が存在したのです。**

1972年5月15日、沖縄は27年にわたるアメリカによる占領を経て、日本に返還されました。

Masuda's memo

アメリカ民政府（USCAR）　正式には「琉球列島アメリカ民政府」。琉球政府を指揮監督する間接統治の形をとったが、沖縄の長期統治を可能にする目的もあった。

返還当時、沖縄の人たちはこれを「本土復帰」と言って喜んだのですが、今も沖縄には多くの米軍基地が残されています。これが日本政府と沖縄、あるいは沖縄と米軍のトゲになっていて、2022年は「沖縄返還から50年」という節目だったにもかかわらず、祝賀ムードという状況にはなりませんでした。

**今も沖縄には日本全体の米軍基地の70%が置かれています。軍事力を増す中国の存在感が高まっているなか、沖縄が地政学的要衝地としての意味合いを強めているのも確かです。**しかしそこで暮らす人々の意志や思いを無下にするようでは、他の国境問題と同じように、国と住民の間に軋轢が残るのは当然です。

沖縄に限らず、横須賀や佐世保、三沢など米軍基地があるところに出かけてみると、日本人でありながら許可なく立ち入れない外国の地が突如、出現したような印象を受けると思います。「あの門の先は〝外国〟なのだ」と感じることで、「あの線を越えたら隣の国である」という国境線を目の当たりにしたことがない日本人も、国境を疑似体験できるのではないでしょうか。

また、沖縄と同時に、尖閣諸島の施政権もアメリカから日本に返還されることになったのですが、現在は中国との間で懸案を抱えています（CHAPTER3参照）。さらに中国は沖縄についても「元は独立した琉球王国であり、日本よりもむしろ中国大陸の王朝との関係が深かった」と言って揺さぶりをかけている状況にあります。

# アメリカの一部は「買収」という手段で国境が決まったレアケース

**争いの果てに「買収」、つまりお金で国境線を買った珍しい国もあります。それがアメリカです。**

建国当時のアメリカは、現在のアメリカの東側、ニューハンプシャーやニューヨーク、メリーランド、サウスカロライナなどごく一部でした。1775年、イギリスからの独立戦争が始まり、翌1776年に採択されたのが、「独立宣言」です。1783年のパリ条約でイギリスがアメリカの独立を承認すると、1787年に合衆国憲法が制定されます。

その後、**アメリカは併合や割譲に加え、買収によっても領土を西へと拡大していきます。**

1783年、パリ条約によってイギリスが東部13州の独立を承認するとともに、ミシシッピ川より東のフランス領ルイジアナがアメリカに割譲されます。ルイジアナはフランス領からスペイン領に変更され、さらにスペインからフランスのナポレオンに割譲された土地でした。

その後の**1803年、アメリカがルイジアナをフランスから買収。**フランスが他のところで行っていた戦争の費用が足りなくなったため、資金調達のために持ち掛けた売却でした。1500万ドルもの「買い物」でしたが、これでアメリカの領土は実に2倍に広がりました。

さらに**1819年にフロリダをスペインから買収。その額は500万ドルと言われています。**

Masuda's memo

ミシシッピ川　全長約3800キロメートルで、メキシコ湾にそそぐ。支流にミズーリ川があるが、この長さを含めると約6000キロメートルにもわたる。

**続いて1836年にメキシコから独立したテキサスを1845年に併合し、1846年にはオレゴン協定でワシントンやアイダホなどの地域を併合。**1846年から48年までは、テキサスの帰属をめぐる米墨戦争（アメリカ・メキシコ戦争）も行われました。

戦争の結果、勝利したアメリカは現在のアリゾナやネバダにあたる地域をメキシコより割譲され、カリフォルニア、ニューメキシコを1500万ドルで獲得します。さらにメキシコとの国境に近いアリゾナ、ニューメキシコにまたがる地域を1853年に購入します。

この頃、アメリカが獲得したカリフォルニアでは金脈が発見され、アメリカはまさにゴールドラッシュに。これがアメリカの領土拡大・海外進出をさらに後押しします。

1853年、と言えば日本でもアメリカと関係する歴史的な出来事がありましたよね。ペリー来航です。ペリーは開国を求めて日本にやってきて、1854年に日米和親条約を締結。当時のアメリカは極東日本へ手を伸ばす一方で、国境線を西へ、西へと拡大していった時期でもあったのです。

アメリカは1867年にはロシアからアラスカを720万ドルで買収。ロシアは、北アメリカに進出してきたイギリスに奪われるくらいならアメリカに売った方がましだと考え、自らアラスカの売却を提案しています。

購入当初、アラスカは何もない地だと思われていたので、買収を決めた国務長官ウィリアム・

スワードが「巨大な冷蔵庫を買った男」と揶揄される一幕もありました。しかしその後、ベーリング海などの水産資源や、アラスカの地下に眠る天然資源や金などが豊富に産出されることが判明。今もアメリカ全体の産油量のうち10％程度がアラスカから産出されています。**冷蔵庫は冷蔵庫でも、中身のたっぷり詰まった冷蔵庫。思った以上に安い買い物だったのかもしれません。**

このように、アメリカの領土は戦争を経て得た（割譲された）土地と、買収によって得た土地とが混在しています。ロシアとの間のアラスカ買収など、お金で解決したことで無駄な血が流れずに済んだこともあったのは確かです。しかしこうした場合でも、現地に住む人たちの意向は全く無視されていたことは見逃せません。

また**領土割譲の過程では、やはり先住民との衝突も発生しました。**

とくに有名なのがアパッチ族のジェロニモの戦いぶりです。西部開拓に抵抗し、ニューメキシコなどの一帯でゲリラ戦を展開しましたが、入植者（アメリカ人）たちを撃退するには至りませんでした。こうした先住民の中には、強制移住を強いられた人たちもいました。

**アメリカはこうした併合や西部の開拓を「マニフェスト＝ディスティニー（明白な天命）」と呼び、未開拓の地域にアメリカ人の文化や制度を教えることで発展させる命運は、天が決めたものであるとの大義を掲げ、自らの行為を正当化していました。**

アメリカの開拓者精神（フロンティア・スピリット）は肯定的に使われますが、マニフェス

Masuda's memo

ジェロニモ　アパッチ族最後の族長として、アメリカ合衆国陸軍を相手にゲリラ戦を展開。降伏後に撮影された写真が今も残っている。

ト・ディステニーはこれと表裏一体のものです。

そしてアメリカは1861年から南北戦争に突入し、双方合わせて62万人が戦死する「内戦」を経験します。黒人奴隷を労働力とする南部地域と、黒人奴隷制度反対の声が高まった北部との立場の違いは、当初は住民投票で決める（カンザス・ネブラスカ法）こととなっていましたが、穏健的ながらも奴隷解放論者であったリンカンが1860年の大統領選で勝利すると南部の反発は強まり、南北戦争に至ります。

この戦争は北部の勝利に終わり、1863年には奴隷解放宣言が行われますが、奴隷から解放されても土地を持たない黒人たちは小作人か農業労働者になるほかなく、経済的・社会的地位の向上は進まなかったうえに、黒人男性の投票権が制限されたり、差別禁止を訴える憲法の条項も骨抜きにされるなどしていたのが実態でした。また奴隷解放に反対した南部の人たちを中心に黒人の隔離や差別が残り、ＫＫＫ（クー・クラックス・クラン）のような人種差別団体も生まれるに至りました。

こうした人種を巡る問題は今もアメリカ国内に暗い影を落としています。

また、**国境に関しても戦争による割譲や買収で画定したメキシコとの国境では、問題が続いています。**

特に2017年に大統領に就任したドナルド・トランプはメキシコとの国境を越えてやって



Masuda's memo

KKK 白人至上主義・人種差別の秘密結社「クー・クラックス・クラン（Ku Klux Klan）」の略称。白装束に白三角頭巾の衣装で認知されている。

くる不法移民の存在を問題視し、2020年末までに700キロメートル以上の「トランプ・ウォール」と呼ばれる物理的な壁を設置しました。しかしこれは初めてのことではなく、すでに2006年、ジョージ・W・ブッシュ大統領時代にできたアメリカの安全フェンス法によって、トランプ以前から1100キロメートルにもわたる不連続の分離壁が出来ていたのです。

実は私も、2018年にアメリカとメキシコの国境をメキシコ側から渡る際に、入管で捕まったことがあります。アメリカからメキシコへ渡る際には、パスポートを見せるだけでほとんど審査がないような状況だったのに対し、メキシコからアメリカに入国するときは厳格で、取材のために日中、徒歩で行き来する際も、荷物のチェックがありました。

アメリカでは、ジャーナリストはフリーランスでも審査を経れば、5年間有効なIビザを取得することができます。私もパスポートとこのIビザを提示したのですが、メキシコ―アメリカ間の国境警備隊員の間では、Iビザがあまり認知されていなかったようです。さらには日本人女性である私と、日本人の母親をもつ中東国籍の通訳の女性が夜間に陸路で、車でアメリカに入国しようとしていることが怪しまれ、30分以上、拘束される事態になりました。スマートフォンやパスポートを取りあげられたのでどうなることかと思いましたが。

その後、問題なしという確認ができたようで、私たちは無事にアメリカに入国できました。それにしても文字通り命がけでメキシコからアメリカ側へ国境を越える人たちの心境たるや、いかばかりかと深く考えさせられ、国境問題を身をもって強く意識する経験になりました。

## アメリカとメキシコの国境

## アメリカが領土を拡大していった流れ

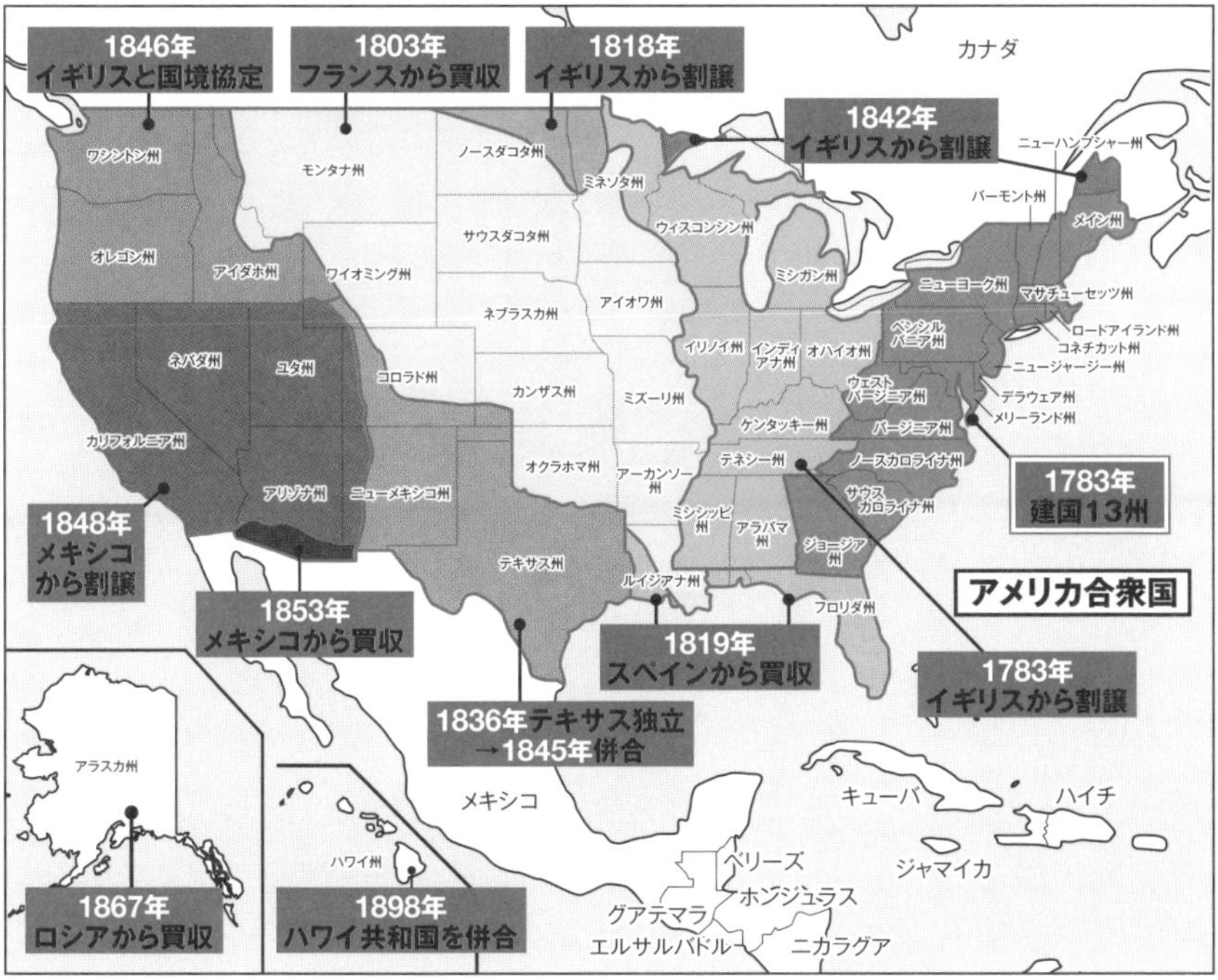

# 国境はどうやって決まるのですか？

ヨーロッパ、とくに東欧に行った際、こちらが日本人だとわかるとかけられる声の中に、こんな意外なものがあります。

「日本人はすごいよね。あのモンゴルに勝ったんだから！」

一体いつの話？　と思ってしまうかもしれません。これは鎌倉時代の１２７４年（文永11年）と１２８１年（弘安４年）の２度の元寇を日本が退けた時のことを指しています。「神風が吹いたのよね」という人までいて、日本人としてはどうしてそんなことを知っているの、と驚いてしまいます。

実はモンゴル帝国（元）は私たち日本人以上に、ヨーロッパの人々にとって歴史的に身近な存在であり、大きな脅威でした。モンゴル帝国は現在のロシアやウクライナをのみ込み、その最大領域の西端は、実にポーランドやハンガリーまで迫っていたからです。

当時、モンゴル帝国は世界の陸地の17％を統治していました。統治された人々の数も1万人に達するという、文字通りの大帝国だったのです。

日本も2度の元寇を退けていなければ、その統治下に入っていたことでしょう。ユーラシア大陸の各国が次々にモンゴル帝国の統治下に入るなか、これを退け、現代風に言えば「国境線」を守った日本人はすごい、と彼らがいうわけです。

こうした過去の国境を巡る問題は、現在の国際情勢、各国の外交政策にも影響しています。

たとえば中国が提示している「一帯一路」。かつて中国とヨーロッパを結んだシルクロード、つまり絹の交易を中心とする経済路になぞらえ、現代に大規模な経済圏を構築するという構想です。そのイメージを体現する存在として検証されているのが明の時代に活躍した鄭和《ていわ》という人物です。

鄭和は南洋に遠征したことで知られ、中国は大航海時代の版図を想起させることで、かつての中国（大陸に存在した明王朝）の勢力と同じように現在においても広い地域に対して影響力を及ぼしたいと考えているようです。

また、ヨーロッパと中央アジアの間に位置しながら、独自の存在感や政治体制を保っているトルコも、オスマン帝国時代のイメージを今も背負っています。

オスマン帝国は13世紀末から20世紀にかけて６００年以上続いたイスラム教の国です。その最大版図は現在のイラクから東欧のハンガリー、ボスニアに及び、アフリカ大陸の一部にまで領域を拡大していました。

17世紀以降、西欧諸国によって勢力が削られていきましたが、モンゴル帝国と同様、東欧ではオスマン帝国は身近な脅威でもあったのです。

現在のトルコはオスマン帝国の後継国ではありません。第一次世界大戦で敗北後、革命を経てトルコ共和国となりました。政教分離、世俗主義をとり、公用語にはアラビア語ではなく、ローマ字を使用したトルコ語を採用しました。イスラム社会でありながらNATOに加盟している珍しい国でもあり、長らくEUへの加盟も希望してきました。しかしキリスト教国が中心のEUに加盟するには、報道の自由や人権の尊重が保障される必要があります。これがトルコの政治姿勢と相いれない部分があり、交渉は進んでいません。

ヨーロッパ、とひと口にいってもそれぞれのお国柄がありますが、そうだとしてもやはりトルコは欧州各国とは文化も歴史も大きく異なります。イスラム社会であることも理由の1つですが、オスマン帝国時代の幻影が欧州各国にまだ残っているからこそ、距離を置かれがちな面もあるのかもしれません。

世界史を眺めてみれば、それが多くの戦争の歴史であることは一目瞭然ですが、戦争とはつまり、国境を巡る戦いでもあります。「国境」という概念ができる前の時代についてより正確に説明するとすれば、「支配地域を巡る争い」と言い換えてもいいでしょう。

現代を生きる私たちにとっては国境があるのはあまりに当たり前である一方、特に日本の場合は「ここを一歩越えたら別の国」といった地続きの国境がないことから、日ごろの生活のなかで国境そのものを意識することはほとんどありません。

とはいえ、日本も「支配地域を巡る争い」とは無関係ではありませんでした。歴史的にはもちろんのこと、現在も、北方領土、尖閣諸島、竹島などは、それぞれロシア、中国、韓国と領有権を争っている状況にあります。

これらは一般に国境問題ではなく領土問題と呼ばれますが、「その島がどちらの国の領土であるかによって、国境線を引く位置、あるいは領海の範囲が変化する」ことに変わりはないのです。

しかし海外に出るとなれば出国手続きをして、飛行機で飛び、船で海を渡り、その国の入国手続きをする、という方法でしか海外に行くことのない日本人にとっては、やはり「国境」とは何であるか、を実感するのは難しいかもしれません。しかし世界には、日本で言うところの県境のように「あの道のこちら側はA国、あちら側はB国」というような、まさに国の境目が存在します。

また、アメリカでトランプ前大統領が「メキシコ国境に壁を作る」としきりに述べていたように、物理的に人が国境を自由に行き来できないよう建造物を設置する例もあります。ときには北朝鮮の脱北者のように、命がけで国境を越えてくる人たちもいます。正規の手続きを経れば、パスポート1つでほぼ世界中のどの国にも入国できる日本とは違い、無謀とも思える方法で国境を越えなければ、自分の国を出ることもかなわないという人たちもいるのです。

「国境」――国際法上の扱いは同じだとは言っても、それぞれの国、歴史、事情によって、そのイメージや重さはかなり違っているのです。

私がパスポートを取って海外に取材に出るようになったのは、37歳の頃でした。国内では20代の頃からNHKのリポーターの仕事をするようになり、かなりの数の取材をこなしましたが、国外はその時が初めて。2002年のことでした。

フィンランドでの教育に関する取材と、2001年9月11日に同時多発テロを経験したアメリカのニューヨークでの取材を経て、教育にしても、宗教にしても、移民問題にしても、海外には自分がそれまで持っていた常識では判断のつかない様々な問題があることを目の当たりにしたのです。

以来、現在まで折に触れて海外取材をしていますが、その中で国境について考えざるを得ない場面が何度もありました。

教育の質が高いことで知られるフィンランドでは、ロシアとの戦争の歴史を踏まえて今も兵役の義務が課せられています。国境を守ることに対する意識が非常に強く、2022年にロシアがウクライナに侵攻して以降、ロシアとの国境に200キロメートルにわたるフェンスを設置する工事が始まっています。

さらに国境を強く意識する経験となったのが、イギリスのオックスフォードに短期留学をし、ロンドンとブリュッセル、パリをつなぐユーロスターという国際列車に乗ったときのことです。ドーバー海峡に建設された海底トンネルを通ってブリュッセルへ行くのですが、ロンドンの駅で出国・入国の両方の審査を行うので、下車駅でのパスポートのチェックがないのです。島国日本に暮らす私は「国境は、飛行機で越えるもの」と思い込んでいたので、陸路での国境越えは非常に新鮮な体験でした。

その後、ＥＵ域内の取材で各国の間を移動する際には、お互いに自由に行き来できるシェンゲン協定加盟国がほとんどのため、事前の出国・入国手続きもなく、身分証明のために時折パスポートの確認だけが行われるという経験も経て、さらに国境のイメージが更新されたのです。またウクライナと国境を接するハンガリーで、ウクライナ避難民を取材した際には、ウクライナで暮らすハンガリー人の存在を知りました。もともと同じ言語や文化を共有していた人たちが、あとから引かれた国境線によって分断されてしまったんですね。

こうして別の国の少数民族となってしまうと、言語や文化の弾圧が起きる。この場合は、ハンガリー語を否定され、ウクライナ語を強要されるという問題が起きていたのです。地続きで国境を接する世界の現実に直面した取材でした。

現在のロシアによるウクライナ侵攻がまさに「ウクライナ東部・ドンバス地方のロシア語話者の保護を侵攻の口実」にしたように、こうした文化や言語の分布と国境のずれが、新たな戦争の口実や火種になる事例もあります。

あるいは移民の問題。なぜ多くの人が命懸けで、国境を越えてやってくるのか。難民の場合は、自分の住んでいた地域の国境線が変わってしまったことで、難民化せざるを得なくなってしまったケースが少なくありません。

また、アメリカとメキシコの国境を巡るニュースのように、「どうしてこんな問題が起きているのか」を考える際に、国境を巡る歴史を知らずには深い理解を得ることはできません。

国境を知ることは歴史を知ることであり、現在を知ることに直結しているのです。

CHAPTER 1

# IKEGAMI'S EYE

## 池上は、こう読んだ

世界を飛び回るジャーナリストだからこそ書ける実感のこもった文章ですね。アメリカは「民主主義の国」のイメージが強いのですが、実際はメキシコとの戦争で領土を広げてきました。その結果、国境を接するメキシコからの不法移民に悩まされる。**因果応報ではありますが、最大の被害者はメキシコなのでしょう。**

日本でブームになったフィンランド。教育水準の高さとともに北欧デザインのセンスの良さ、ジェンダーギャップの小ささ、ムーミンの故郷などイメージがいいのですが、隣国ソ連との間では戦争がありました。現代もロシアの脅威にさらされている。**いつ自国が侵略されるかも知れないという危機感があるからこそ、次世代を養成する教育に力を入れているのですね。**

EU（欧州連合）は、欧州から国境をなくすという理想の下で誕生しました。過去には国境をめぐる争いが絶えず、各国に多様な言語話者がいる。それは、過去に戦争の理由にもなりましたが、国境のないひとつの「国家」のような存在になると、その多様さがプラスに働くのですね。**EUも問題は抱えていますが、その経験から学ぶことは多いでしょう。**

CHAPTER

2

# 国境は話し合いで決まりました

## あらゆる交渉を経て決まったことも

国境にはトラブルがつきものではあるものの、
ときには当事者間の交渉が功を奏して
無用な戦いを避けることもできました。
そんなレアケースを紹介します。

— BORDER STUDIES —

# 二重帝国の制度を受け入れてハンガリーは国境を共有した

「言語や文化はアイデンティティである」。国境に近い地域の取材をしていると、常に痛感させられるのがこのことです。歴史に翻弄され、ある国の一部として取り込まれたり、また別の国として成立したりという歴史を繰り返すなかで、そこに住む人々の言語や文化も揺さぶられてきました。

国を統治する側は、その領域内に住む人々に同じ言語を使わせ、国民としてのアイデンティティや一体感を醸成したいと考える一方、統治される側は、先祖代々使ってきた言語をできる限り使い続け、願わくば後世にも残していきたい、と考えます。そこで生まれた軋轢が、内戦や独立戦争に発展することもしばしばでした。

だからこそ、統治する側はそうなる前に、民族的アイデンティティを払拭し、より大きな勢力に、言語も文化的にも同化させる政策を取ってきたのでしょう。

そうした歴史において、そこに住む人たちが大事に思う文化をなるべく温存し、彼らのアイデンティティや民族意識を尊重しようと努めた女性がいました。オーストリア=ハンガリー帝国の皇妃、エリザベートです。

Masuda's memo

エリザベート「シシィ」の愛称でも知られる。天性の美しさを努力で保つ一方で送った悲劇的な人生に、今も世界中で多くの人が魅了されている。

日本ではエリザベートと言えばオーストリアを思い起こす人が多いのではないかと思います。**しかしエリザベート人気は圧倒的にハンガリーの方が強く、通りの名前に使われたり、教会に胸像があったりと、行く先々で「エリザベート熱」を今も感じることができます。**

**まさにその理由こそが、エリザベートがハンガリーのアイデンティティを愛し、守ったことにあるのです。**

オーストリアは13世紀からハプスブルク家のいわば本拠地でした。しかし王政に反対し、これを打倒するフランス革命が18世紀末に起きると、各地で民族運動が起きるようになります。国民国家こそがあるべき姿であるというナショナリズムの萌芽が生まれたのです。

マジャール人という遊牧民系のルーツを持ち、13世紀には版図を拡大していた元（モンゴル）と戦った歴史もあるハンガリーも例外ではありませんでした。

1848年にオーストリア皇帝となったフランツ＝ヨーゼフ1世は当初、ハンガリーの革命運動を鎮圧し、新絶対王政と呼ばれる反動体制（フランス革命前の王政を保とうとする体制）を取りました。しかし1866年のプロイセン＝オーストリア戦争で、開戦から7週間で敗北し弱体化すると、隣国のハンガリーを王国と認めて二重帝国とすることで「妥協」したのです。

**二重帝国においては、ハンガリーに自治権を与え、軍事・外交とそれに必要な財政はオーストリアとハンガリーで共通の内閣が統治するものの、それ以外の行政についてはそれぞれの国の議会と政府が取り仕切る、と決めました。**

通常であればオーストリアにハンガリーを吸収してしまえばいいところを、ハンガリーを愛し、人々の民族意識を重んじたエリザベートが、夫にかけあったのです。

1867年、**オーストリアがハンガリーを王国と認めた協定は「アウスグライヒ」と呼ばれます。これはドイツ語で「妥協」を意味する言葉ですが、まさに話し合いによって両国は「二重帝国」となり、いわば国境を共有することとなりました。**

これにより、フランツ＝ヨーゼフ1世はハンガリー王を兼ねることになり、皇妃であるエリザベートもハンガリーの首都・ブダペストにあるマーチャーシュ教会で戴冠式を行いました。こうした世界史上にも珍しい二重帝国が誕生した陰の立役者こそが、エリザベートだったのです。

## 二重帝国の立役者・エリザベート

## 隆盛を誇った二重帝国と現在のハンガリー

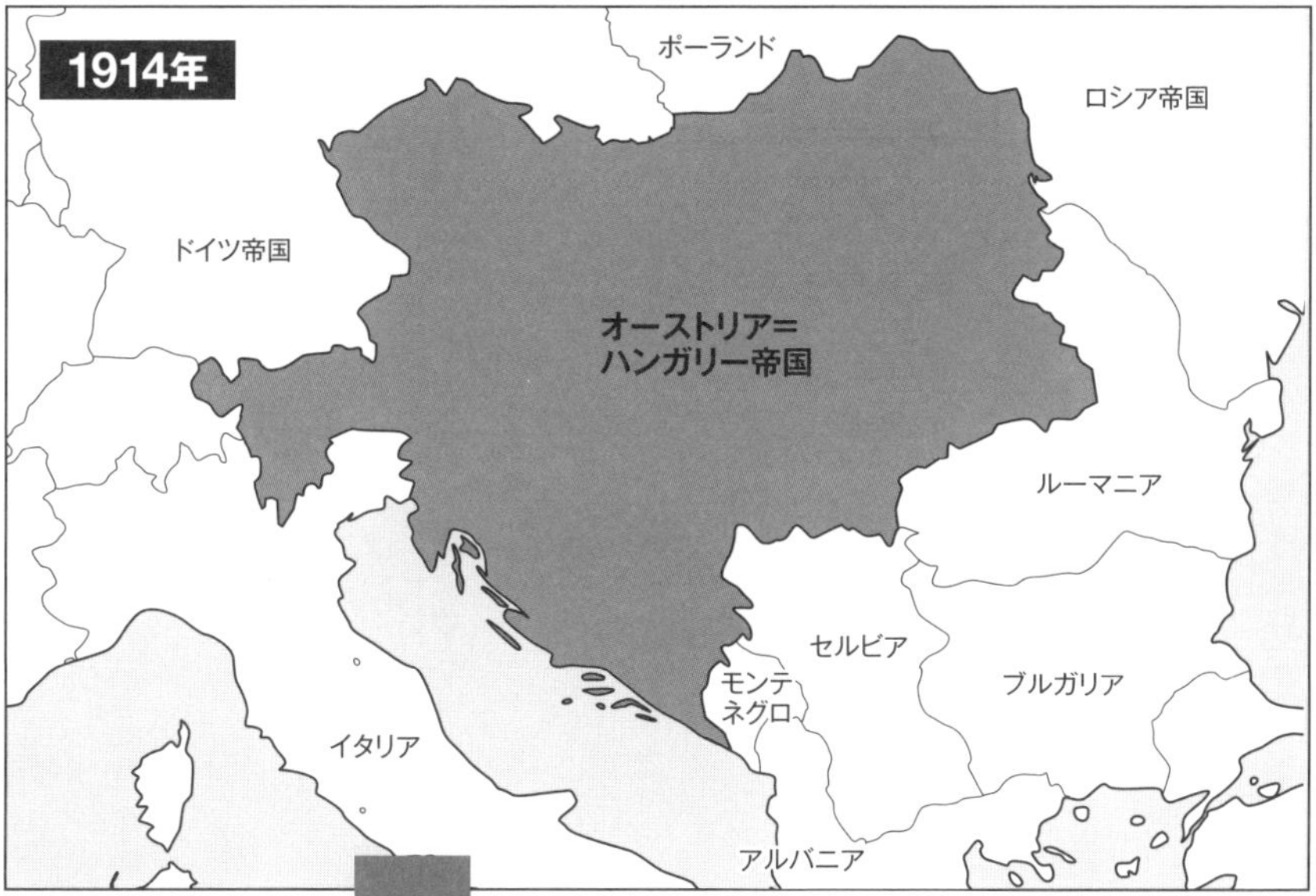

# 国境にとらわれず文化を尊重した皇妃エリザベートの尽力

オーストリア＝ハンガリー帝国の皇妃エリザベートはその美貌や、暗殺によって死を迎える悲劇性から日本でも人気があり、演劇や映画などさまざまな作品の主人公にもなってきました。しかし**彼女の本当の魅力は、ハンガリーに対する深い愛情にあったのです。**

エリザベートはドイツのバイエルン王家の傍系に生まれ、フランツ＝ヨーゼフ1世と結婚します。元はエリザベートの姉とフランツが結婚するはずだったのですが、顔合わせの場に姿を見せたエリザベートに一目ぼれし、妹のエリザベートを妻として迎えることになります。

エリザベートは王家の生まれと言っても傍系で、王位継承からは離れた存在だったため、元々自由を愛する気質がありました。しかしそれがフランツの母・ゾフィー大公妃との衝突の原因となり、度重なる嫌がらせを受け、さらに窮屈な王宮暮らしにすっかり嫌気がさしてしまいます。

しかし結婚前の「お妃教育」のおかげで、エリザベートに多大な影響を与える出会いがありました。それがマジャール人でハンガリーの貴族だったヤノス・マジュラート（ヨハン・マイラートとも）伯爵です。教育係としてやってきたマジュラート伯爵からマジャール人、つまりハンガリーの文化や歴史を教わったエリザベートは、ハンガリーに好意的な感情を抱いていま

Masuda's memo

マジャール人　ハンガリーを作った人々で、かつてウラル山脈に住んでいた遊牧民がルーツ。先祖は遊牧民だが現在のハンガリーは水球大国。

した。自由で飾らない、素朴なハンガリーの気質が、エリザベートにはしっくり来たようです。

ただ残念なことに、ゾフィー大公妃はハンガリー嫌い、マジャール人嫌いでした。こうした反発も手伝ったのか、エリザベートは難しい言語と言われているハンガリー語を短期間で習得し、各地の有力者と手紙のやりとりをするなどしてオーストリアとハンガリーの間を取り持とうとしたのです。独立や自主性を求めるハンガリーの人々の熱意に、エリザベートは心動かされたのです。

自ら馬にまたがって窮屈なウィーンを抜け出したエリザベートは、多くの時間をハンガリーのブダペスト郊外にあるグドゥルー宮殿で過ごしました。私も取材で訪れましたが、ハンガリーの音楽や舞踊を楽しんだホール、彼女の好きなすみれ色の壁紙や調度品に囲まれた居間をはじめ、庭には馬術練習場や愛犬の墓もあります。

学芸員の女性が熱のこもった解説とともに、普段は公開されることのない、エリザベートが侍女やハンガリーの政治家に宛てた直筆の手紙などを見せてくれました。「エリザベートが何日、この宮殿に滞在したか」をカウントし、それを今も誇りに思っているハンガリーの人たちからはエリザベートに対する愛情を強く感じられました。

**こうしたエリザベートの尽力があったからこそ、ハンガリーは二重帝国となったことで自分たちの文化を守り、さらに発展させることができたのです。だからこそハンガリーの人々は、**

## エリザベートに対する敬意と愛情を今も持ち続けているのです。

その後のハンガリーは1914年から始まった第一次世界大戦に参戦、1918年には革命によって王政が廃止されましたが、戦争に負けてトリアノン条約を結ぶこととなり、実に国土の3分の2を失いました。

何とか領土を取り返そうと、第二次世界大戦ではドイツ・イタリア・日本が中心の枢軸側につきましたが、再び敗北します。1945年にはソ連に占領され、ソ連圏の一部となり「ハンガリー人民共和国」となりました。

1956年にはハンガリー事件（動乱）と言われる反ソ民主化運動が起きましたが、ソ連軍の介入によって挫折。しかしソ連崩壊によって民主化が実現して国名がハンガリー共和国と変わり、1999年にはNATOに加盟、2004年にはEUに加盟しました。2012年には国名が「ハンガリー」に改められています。

現在は「ハンガリーのトランプ」と呼ばれるオルバン首相が、EUの方針には必ずしも沿わない反移民政策や国境へのフェンス設置などに乗り出しています。自国第一主義が嫌われる面もある一方、実に5期17年にわたって首相を務めており、国民からの支持があるのも事実です。

また、現地取材時には、ハンガリーと国境を接しているウクライナで国内にいる少数のハンガリー語話者が迫害を受け「公の場ではウクライナ語を話す」よう強要されるケースもあると聞きました。これはウクライナだけではなく、やはりハンガリーと国境を接しているスロバキ

Masuda's memo

トリアノン条約　1920年に締結された講和条約。ハンガリー領からスロバキア、クロアチア、トランシルバニアが分離することになりハンガリー人にとって歴史的トラウマになっている。

アやルーマニアでも起きていることです。第一次世界大戦後のトリアノン条約で領土を失った際に国境線が変わったからなんですね。

2022年2月にウクライナへの侵攻を開始したロシアは「ウクライナ政府がウクライナ国内の少数のロシア語話者を迫害している、だからそれを保護しなければならない」との理由で自らの行為を正当化しています。こうしたロシアの行為は決して許されるものではありませんが、**言語と国境を巡る争いはその言語を使う人のアイデンティティにかかわるものでもあり、時には戦争の正当化にさえ使われてしまうのが現実なのです。**

直接的に言語の使用を禁じなくとも、たとえば公務員など公的な仕事に就く場合にはその国の第一公用語を使うべきだというようなルールができてしまうことで、事実上、少数言語の話者にとっては就職の場面で不利益を被ることにもつながります。

現代は、かつてないほどに国境を越えて多くの人が行き来する時代になりました。どこに住もうとも、親や祖父母から受け継いだ文化や言語を重んじたい気持ちは誰しも抱くものです。しかし自分で選んだのではなくとも、戦争や紛争で国境線が変わってしまうことで、自らのアイデンティティがその国では少数派になってしまうこともある。

**だからこそ、国境にとらわれずすべての人のアイデンティティ、つまり言語や歴史を尊重するというエリザベートの精神が、今こそ求められるのではないでしょうか。**

# 兄弟分であるアメリカとカナダの国境は一部を除いて友好的

アメリカとメキシコの国境はトランプ前大統領が「壁を築く」などと言って注目されているように、不法移民やドラッグが国境を越えて行き来する危険地帯の様相を呈しています。

一方、**アメリカとカナダの国境はほとんど注目されません。先進国で民主的なイメージも強いカナダが、アメリカと友好国同士であるためにメキシコとの間で危惧されるような問題が少ないことも理由の1つでしょう。**

また、アメリカの成り立ちはイギリスからの独立運動によるものだと広く知られていますが、カナダについて改めて触れられることはそう多くありません。

**アメリカ・カナダ間の国境は、アラスカ側の2477キロメートルを含む8893キロメートル。2国間では世界一長い国境線です。まるで定規で線を引いたように、北緯49度に沿ってまっすぐに伸びていますが、これはまさに「話し合い」によって決まったものです。**

北米大陸の北側にはイヌイットなどの先住民が住んでいましたが、16世紀にフランスが北アメリカ大陸にやってきて、17世紀にはケベックという土地に交易所を設立しました。その後、イギリスも植民地支配のために進出してきたことで、両国の間で対立が生じ、植民地争奪戦と

Masuda's memo

カナダ　カナダはオーストラリアと同様にイギリス連邦に属し、英王室のチャールズ3世即位時にはカナダも王室に忠誠を誓う声明を発表した。

なります。

1754年にはフランス・イギリスの対立が激化し、「フレンチ＝インディアン戦争」と言われる戦いが勃発。イギリスが勝利をおさめ、フランスは植民地のほとんどを失いました。

1776年にアメリカ東部の植民地13州が独立を宣言し、アメリカ合衆国を建国。1846年にアメリカとイギリスの間でオレゴン協定が結ばれ、イギリス領とアメリカの国境線が、北緯49度、つまり現在のアメリカ―カナダの国境線に設定されます。

1867年に北アメリカのイギリス領は「自治領カナダ連邦」となり、1982年、カナダ憲法の成立でイギリスからの完全なる独立を完了しました。

つまりアメリカとカナダは、元は同じくイギリス領であり、独立した経緯はそれぞれ違っても、いわば兄弟分のような成り立ちというわけです。そして、カナダは完全に独立国となってからはまだ40年余りしか経っていない若い国でもあるんですね。

現在のアメリカ―カナダ間の国境も、フランス・イギリス間、あるいはイギリス・アメリカ間に戦争はあったものの、最終的には「話し合い」によって決まったものです。**ただし、ネイティブアメリカンやイヌイットなど元から北米大陸に住んでいた先住民からすれば「他所の人が勝手に決めた」国境でもあります。**このことは歴史の事実として知っておく必要があるでしょう。独立までのプロセスを歩んでいる1903年、アラスカとの国境も定まり、カナダは現在の領土となるのですが、実は歴史的経緯から生じる問題が、近年になって明るみに出てきています。それは、先にも名前が挙がったケベックという地を巡る問題です。

フランスが統治していた時代に交易所を置いていたケベック州は、現在もフランス系の住民が80％超と多くを占めています。カナダ国内にはイギリス系住民とフランス系住民が今も存在し、カナダでは英語と並んでフランス語が公用語になっています。

英仏の流れをくむ住民の対立は19世紀にもあり、カナダの首都がオンタリオ州東部、ケベック州との境界近くにあるオタワに決まったのも、カナダの領域内で英語圏・フランス語圏の境界線に近かったことが理由とされています。当時のカナダ総督、ジェイムズ・ブルース卿が双方の住民への配慮からこの決定を下しました。

歴史的に統治者、為政者が変わると言語も変わってしまう、統治者の言語を押し付けられてしまうことが多いのですが、**カナダの場合はフランス統治からイギリス統治に代わったのちも、フランス語が残り続けたのです。**

まさに言語はアイデンティティ。しかしそれが、別の問題を生むこともあります。20世紀に入ってからもフランス系住民の一部はカナダからの分離・独立を求めており、1995年には分離・独立の是非を問う住民投票が実施されました。この時は独立が否決される結果となりましたが、その差はわずか1％というきわどいもの。**否決後も地元住民の独立熱は収まっていないようで、カナダの国土と人口の5分の1を占めるケベック州の動向が今後も注目されます。住民投票の趨勢によってはまた新たな〝国境線〟が誕生するかもしれません。**

Masuda's memo

ケベック州　フランス文化を色濃く残すケベック州は、19世紀以前の建造物が多く、石畳のプチ・シャンプラン通りは北米最古のショッピングモール。観光地としても有名。

## カナダの中のフランスは独立心旺盛

アメリカ合衆国
ユーコン準州
ノースウェスト準州
ヌナブト準州
ブリティッシュコロンビア
カナダ
アルバータ
サスカチュワン
マニトバ
オンタリオ
ケベック州
フランス系の住民が80%超を占める。カナダからの分離・独立を求める声は強い。
ニューファンドランド
ケベック
プリンスエドワードアイランド
ケベック
ニューブランズウィック
ノバスコシア
オタワ
モントリオール
アメリカとの国境線
アメリカ合衆国

# かつての植民地支配と宗教の違いが島に国境線を引くことに

## 「21世紀最初の独立国家」

**そう呼ばれるのが東ティモールです。**インドネシアの南の島々とオーストラリアの間にあるティモール島のうち、西側はインドネシア、そして東側が東ティモールとして独立しました。

１９９９年、国連監視の下、住民投票によって独立が決まり、２００２年に国際社会の支持を受けて国家として承認され、国連に加盟した、という経緯があります。

住民投票という民主的な方法で国境線も決まったことになりますが、それにしても、どうして島の上に国境線が引かれたのでしょうか。その理由はやはり歴史にあります。

16世紀にポルトガルがティモール島を占領し、その後にやってきたオランダが西側を占領します。１８５９年にオランダとポルトガルが西と東でティモール島を分割しましたが、１９４２年には太平洋戦争で南進政策を取った日本が全島を占領することになりました。

戦後、西側はインドネシアの一部として独立。東側はポルトガルの支配が復活していましたが、１９７５年に東ティモールはポルトガルからの独立を宣言します。インドネシアはイスラム教、東ティモールはポルトガルの影響もあってキリスト教が浸透していたことも、独立の１つの要因となりました。

Masuda's memo

**国連監視下の住民投票** 選挙時には日本からも平和維持活動のために自衛隊や文民警察が、また選挙を監視するための人員などが派遣された。

しかしすぐに独立とはなりませんでした。先に独立していたインドネシアが、武力によって東ティモールを併合したからです。東ティモールは独立運動を展開しましたが、インドネシア側はそれを許さず、1991年にはサンタクルス事件というインドネシアによる東ティモール市民の虐殺が起きてしまいます。デモ隊への無差別発砲で数百人とも言われる死者が出ました。

1996年には東ティモール独立運動の指導者らがノーベル平和賞を受賞し、1999年に国連管理下の住民投票が行われ、独立派が圧勝します。それでもインドネシア側は独立を認めず、併合派の騒乱なども起きましたが、国連安保理が多国籍軍を派遣し、東ティモールを支援します。そして2002年に独立したのちは、日本の自衛隊も道路や橋などのインフラ整備の支援のために東ティモールへ派遣されています。

**歴史的経緯による国境線が、最終的には住民投票、国連の承認という民主的な方法で定まったことになりますが、その過程で多くの血が流れたことも確かです。**また、独立後も暴動が起きたり、国連が介入したりと課題はありましたが、すぐにインドネシアと国交を結び、「21世紀最初の独立国」として歩み始めています。

**また、東ティモールにはインドネシア領内にオエクシ州という飛び地があります。**これは最初にポルトガル人がやってきたのがオエクシであり、インドネシアが独立した後も「この地だけは、ポルトガル領にしておきたい！」とポルトガルが主張したことの名残がそのまま温存されたためで、今も飛び地になっています。

# 帝国主義の犠牲になった植民地の悲哀。香港のこれまでとこれから

**イギリスと中国、双方の文化が交わり、独特の文化が醸成されていた香港。**１９９７年の返還前はその雰囲気に惹かれ、日本人観光客も多く訪れていました。日本から飛行機で４〜５時間程度という近さに加え、アジアの物価の安さと、アフタヌーンティに代表されるようなイギリス文化のいいとこ取りができる絶好の観光地だったためです。

「返還」とは、つまり一度は別の国の統治下に入りながら、話し合いによって元の持ち主に戻された、ということです。基本的にはよいことのように思われますが、そこに住む人々にとっては単純にそうとも言い切れない事情があります。

返還後の香港はどうなったのか、現在の状況から見てみましょう。

**イギリスと中国の間で結ばれた条約では、香港が中国に返還された後も50年は香港の高度な自治が保たれ、言論の自由などが保証されるはずだったのですが、実際にはそうはなりませんでした。**

特に２０１９年から２０２０年にかけて、犯罪容疑者を中国本土へ引き渡すことを可能にす

Masuda's memo

香港観光　アジア的な混沌とイギリスの文化の融合した雰囲気が人気を博した。なかでも九龍城が有名だったが、1990年代に取り壊された。

る逃亡犯条例改正案に反対する大規模デモが起こり、香港当局がこれを鎮圧してからはより一層「中国化」を進める動きが強くなりました。これにより民主派は事実上、議会からも排除され、運動の中心的リーダーだった学生らは投獄されることとなってしまいました。

大規模デモの社会への影響はどの程度のものなのか、まだデモが収まりきっていない2019年12月に現地に取材に行きました。学生たちが抵抗を続けた香港理工大学構内にはバリケードが設置され、中が取材できない状況に。塀の外側からなんとかスマートフォンを掲げて撮影した大学構内は、瓦礫が階段に散乱しているというような雑然とした状態のままでした。街中も同様で、信号機や電柱が倒されて傾いているなど、民主派の学生たちと香港の警察が衝突した痕跡が生々しく残されていました。

中国は「一国二制度」を強調していますが、香港の人々は「一国一制度、つまり大陸的な政治制度に吸収されつつある」と感じたため、こうした抵抗に出たというわけです。

では香港という土地は歴史上、どのような経緯をたどってきた地なのでしょうか。

1842年、アヘン戦争で清が負けたことにより、香港島はイギリス領となりました。さらに九龍半島、新界がイギリスの支配下に置かれることになり、その後新界に租借条約によって「1898年から99年間」という租借措置が講じられることになりました。

そして1984年に、租借条約に基づく1898年から99年目にあたる「1997年7月1

日以降、中国は香港に対する主権行使を回復する」という内容の中英共同宣言が正式に調印され、高度の自治権、言論・出版・集会の自由、自由港・金融センターの地位を保持するなどの約束とともに、返還後50年は返還前の制度を維持することが確認されました。

しかし1997年の中国への返還が近づいてくると、中国はイギリスに対して「新界だけでなく、香港全域を返還せよ」と迫るようになります。当時の中国はまだ今ほどの国力を蓄えてはいませんでしたが、既に核保有国となっていました。一方のイギリスも帝国主義時代のように力任せに中国に言うことを聞かせることはできなかったのです。「返還を阻止するためには戦争するしかない。だがそんな力はない」とイギリスは中国の要求を受け入れたのです。

香港全域の返還を了承し、1997年、香港は中国へ返還されました。まだまだ貧しく、事実上、共産党一党独裁の中国に返還されることによって、香港の自由で先進的な気風が消えるのではないかという懸念はありながらも、元の持ち主に約束通り、戦火を交えることなく返還されたことを評価する見方もありました。

実際、しばらくは中国も「一国二制度」を守る姿勢を見せていました。1998年に立法会選挙を実施して以降、4年に一度の選挙も今日まで行われ続けています。親中派と民主派の対立はあるものの、それ自体が民主主義を体現していると言えなくもありません。

元は中国（清）の領土だった香港は戦争によってイギリスのものになり、その後、外交、つまり話し合いによって中国に返還されることになりました。一度奪われた地が、再度の戦争で

Masuda's memo

**中国返還後の香港** 返還直後から人民解放軍6000人が駐留。香港映画は世界で愛される輸出産業でもあったが、返還後は厳しい検閲が課されている。

はなく話し合いで元の持ち主に返還されることは、基本的には喜ばしいことのはずです。

**かつて列強の帝国主義の犠牲になり、植民地とされてきた国々が、20世紀後半から21世紀にかけて声を上げるようになり、本書でもいくつかの事例を紹介するように、紛争や内戦を経て独立を果たすケースや、元列強国との間で謝罪や和解が行われるようになってきました。**

ただし香港の場合、返還までの間にイギリス流を多く取り入れた独自の文化や価値観がすでに育っていました。人々には漢字の名前の他にも英語名がついていて、誰もが英語を話すことができる。民主主義を重んじ、有権者としての自覚もある。これらは中国本土とは相いれない価値観です。

もし当初の約束通り、一国二制度と呼ばれる「中国に返還されはしたが、香港としての制度を継続できる」状態が守られていたならば、話し合いによる返還は歓迎されてしかるべきものだったかもしれません。**しかし中国は、50年は守ると約束していた香港の自治を、返還から20年あまりでほとんどなきものにしてしまったのです。**

2014年には「雨傘運動」と呼ばれる行政長官選挙の民主化を求める大規模デモが起こりました。中国への反発、徐々に親中派が浸透する社会への不安が若者を中心とするデモを起こさせるに至ったのでしょう。若者としては「中国が仮に約束を守ったとしても、2047年には香港の政治体制は完全に中国と同一のものになってしまう」という危機感もあったはずです。

**香港の人々が抱く危機感は、まさに国境線が変わり、名実ともに香港が中国大陸の一部に取り込まれていくことから来ています。**日本のすぐ隣での出来事だったため、2014年の雨傘運動も、2019年の民主化デモも日本人の関心を強く引き、連日、メディアも報道していました。日本びいきの香港の若者で「民主の女神」と呼ばれていたアグネス・チョウ（周庭）さんなども、日本語を流暢に話し、日本のアニメやアイドル好きという本人の趣味とも相まって日本で広く知られることとなりました。しかし、その後アグネスさんはカナダに留学し、「おそらく一生、香港には帰らない」と宣言しています。

**そのうえで日本人があまり意識することがないのは、実は第二次世界大戦中、日本が3年8か月にわたって香港を占領したことがあるという事実です。**太平洋戦争勃発後に日英が戦って日本が勝ち、1941年から終戦までの間、日本の軍政下にあったのです。終戦後、日本から中華民国（現在の中国ではなく、台湾）に引き渡すべきだという声もありましたが、イギリスはこれを認めず、イギリス統治下に戻されることになったのです。

最終的には話し合いで中国に返還された香港ですが、その過程では戦争や統治者同士の話し合いによって、つまり現地の人たちの意向を無視して帰属先が変化していたのです。約束通り中国へ返還された香港。今後、一国二制度の行方がどうなるのか、目が離せません。また中国は南シナ海でも領海拡大を主張しています（76ページ参照）。

Masuda's memo

**2047年**「1997年の返還後50年は一国二制度を保つ」約束だが、20年あまりで露見した「大陸化」に香港の人々は不安を募らせている。

## 香港の位置と中国が主張している南シナ海の九段線

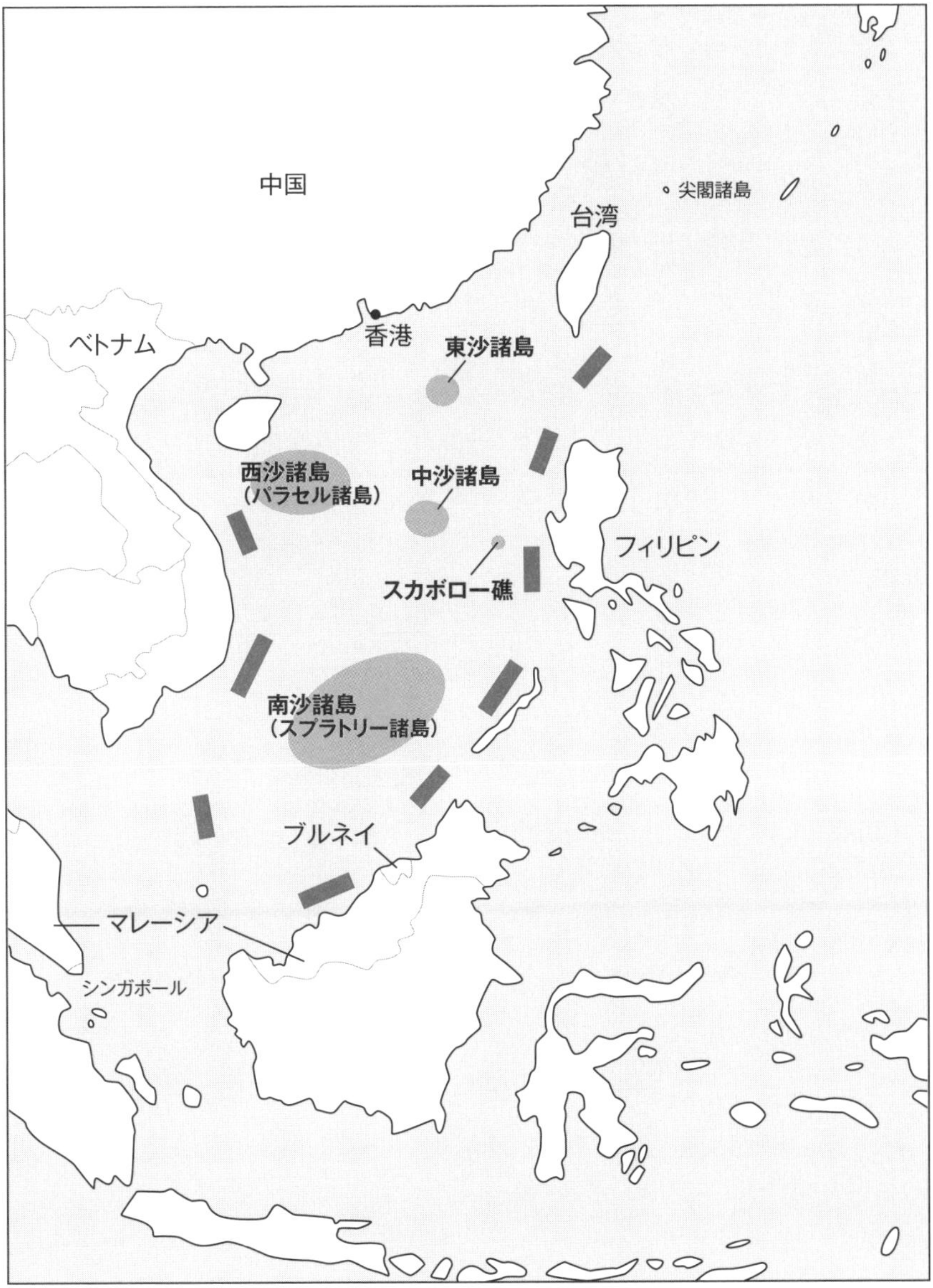

# 中国・ロシア、大国同士の国境はそれぞれ領土問題あり

**地球上、最も多くの国と国境を接しているのが、中国とロシアです。それぞれ14カ国と国境を接し、その長い国境線上では大小の領土問題を抱えています。**

当のロシア─中国間にも国境を巡る問題があり、1969年には当時のソ連と中国の間で、ウスリー川に浮かぶロシア名・ダマンスキー島、中国名・珍宝島を巡る武力衝突が発生しました。帰属が争われることになったのは19世紀後半にロシアと中国の間で結ばれた条約によって、ウスリー川東岸の土地や島々がロシア領とされていたことに始まります。

1950年代後半から始まった中ソ対立が深まるなかの1969年3月、ウスリー川の中州であるダマンスキー島の領有権を巡り、中ソの間に武力衝突が発生します。さらには新疆ウイグル自治区でも両国の衝突が起き、全面戦争も危惧される事態となりました。ソ連だけでなく中国も1964年に核実験を成功させていたため、核戦争に発展するのではないかという恐れもあったほどです。

半年ほどの衝突ののち、両国の会談が行われて、軍事的全面衝突に発展することなく、事なきを得ましたが、それでも双方に50人以上の死者が出ています。

Masuda's memo

ウスリー川　中ロ間のハンカ湖から流れ、両国の国境をなす川で、ハバロフスク付近で黒竜江に注ぐ。全長897キロメートルを両国が共同管理している。

衝突後、ソ連は島を中国に返したものの、話し合いが続き、1991年に中ソ東部国境協定によって国境線が正式に決まりました。さらに1994年に中ロ西部国境協定、1996年に中ロ国境協定が結ばれます。2004年10月には、プーチン大統領と胡錦濤主席（当時）の会談で「国境問題は最終的完全に解決した」と宣言して世界を驚かせることになります。

**と言いながらも残っていた係争地にロシア名・大ウスリー島、中国名・黒瞎子島《ヘイジャーズ》があります。**

大ウスリー島はロシア極東のアムール川（中国名は黒竜江）とウスリー川が合流する地点の中州島で、清の時代はこの地域の一部も中国領土でしたが、1920年代の軍事衝突後、ソ連が実効支配していました。

国境協定協議を経てもなかなか解決しなかったのですが、**2008年7月に中ロ両外相が、この地域の国境線を画定する合意文書に署名し、島を東西に分けてロシアと中国が管轄することに決まりました。**

極東の拠点ハバロフスクの対岸に位置する大ウスリー島（面積約327平方キロメートル）の東部はロシアが領有するものの、同島の西部（面積約174平方キロメートル）とタラバロフ島は中国に引き渡されることに。中国とモンゴルの国境に近いアルグン川のボリショイ島（中国名は阿巴該図島《アバガイト》）を中ロでほぼ二分割する取り決めとなり、**これをもって約4300キロメートルにおよぶ中ロ間の国境問題が完全に解消されることになりました。**

# 中国の地図には今後の中国の野望が表れている

前項で紹介したように、ようやく名実ともに中ロ間の領土問題が解決したわけですが、しばらくすると、**両国の間に物議をかもす出来事が起きました。それは中国の自然資源省が2023年8月末に公表した「2023年版標準地図」です。**

「標準地図」は毎年中国が発表しているものですが、2023年には地図の発表時期との兼ね合いもあり、多くの問題が指摘されることになりました。国際的には認められておらず、自国の主張にのみ基づいた国境線や中国の領域が線引きされていたからです。

たとえば**周辺国との間で問題になっている中国の「九段線（大陸棚を中国領と見なすことで、領海の範囲を広く取り、その中に浮かぶ島なども中国の領域と見なすライン、73ページ参照）」がさらに領域を広げて「十段線」になっていることで、南シナ海のほとんどが中国の領海になってしまっています。**ベトナムも領有権を主張しているパラセル（西沙）諸島、スプラトリー（南沙）諸島が一方的に中国領とされていることに強く抗議しています。

しかも九段線に関しては、2016年にオランダ・ハーグで開かれた仲裁裁判所で、南シナ海での中国の主張は退けられたにもかかわらず、中国側は「紙くず」扱いしてこれを無視し、

Masuda's memo
九段線　中国が南シナ海における自らの権益を主張するために勝手に地図上に引いた破線。その形から「牛舌線」とも呼ばれる。

今回も勝手に線を引いています。スプラトリー諸島などの領有権を主張しているフィリピンが反発するのも無理はないでしょう。

マレーシアは「九段線」ならぬ「十段線」の影響で、自国の排他的経済水域が中国領とみなされていることに反発。さらにインドとの間では、中国が「南チベット」として領有権を主張するインド北東部のアルナチャルプラデシュ州を中国領として記載しており、台湾などはそのまま中国領として色分けされています。

**日本も他人事ではありません。日本との間で領土問題となっている尖閣諸島が中国領とされており、日本政府は中国に強く抗議をしています。**

そして中ロ間で「分割」で解決したことになっているはずの大ウスリー島も、なんと島全体が中国の領土として色分けされているのです。しかしアジア各国が反発しているにもかかわらず、ロシアの反応はほとんどありません。ロシアはウクライナへの侵攻で非難を浴びているなか、中国との関係を悪化させたくないからでしょうか。

中国は各国からの批判に対し「関係方面が客観的で理性的に対応することを望む」とコメントして、中国の領有権主張を正当化しています。せっかく話し合いで決めても、一方的に地図に色を塗ってしまって各国の反発を招いては本末転倒です。中国のように多くの国と国境や領海を接する国こそ、国境や地図を巡る問題には慎重になる必要があるのではないでしょうか。

# チリ・アルゼンチンの長い国境線はキリスト教のおかげで争わずに決まった⁉

**国境を巡る紛争ののち、話し合いで国境線を決めたのがチリとアルゼンチンです。**

チリは細長い国としても知られており、隣国・アルゼンチンとの国境線は南北に4000キロメートル近い長さ。間にアンデス山脈が走っており、山を境とする自然国境のように思いますが、実はそれだけではありません。チリとアルゼンチンの国境の間に位置するアコンカグア山の山頂はアルゼンチンの領土になっていますし、実はチリとアルゼンチンの間には、24もの国境紛争がありました。

両国間の国境紛争はどのようなものだったのでしょうか。

**紛争のうちの1つが、ビーグル海峡を巡る争いです。**南米大陸の最南端、チリとアルゼンチンの国境の末端にあるビーグル海峡に、ピクトン島、ヌエバ島、レノックス島という3つの島があり、それらの島がチリとアルゼンチン、どちらに帰属するかで問題になりました。

1881年にチリとアルゼンチンの間で締結された国境条約では、「ビーグル海峡の南方でホーン岬にいたるまである全諸島…はチリ領とする」と規定していますが、「ビーグル海峡の南方」が明確ではなく、アルゼンチンは「3島はアルゼンチン領である」と主張していました。

Masuda's memo

国際仲裁裁判所　当事者である双方の国の合意に基づき、国境などの紛争ごとに設けられる裁判所。相手の合意なく一方的に提訴することはできない。

チリとアルゼンチンは、1971年7月22日、国境紛争を解決するため、ジュネーブに設置された国際仲裁裁判所にこの件を付託。チリの言い分が認められますが、アルゼンチンは納得できず、「この判決は無効である」と宣言します。

さらに**アルゼンチン政府が武力によって島を制圧しようと軍隊の動員に出ましたが、1979年、ローマ教皇の仲介によって戦争を回避。さらにアルゼンチンは国民投票を行い、チリ領として認めると判断を下したため、チリとの間で平和友好条約が結ばれる、という結果になりました。**

1983年にアルゼンチンの軍事政権が倒れると、その他の紛争地域についても国境画定のための話し合いが開始されます。度重なる協議の結果、1999年に国境線が確定。最後まで残っていたのが大陸氷床問題でしたが、この国境画定条約が締結されたことで、チリ―アルゼンチン間の国境問題はすべて解決したことになります。

チリとアルゼンチンはともにスペイン語が公用語。16世紀にチリはスペインの植民地に、アルゼンチンはスペイン領になりました。19世紀にともに自治へと移行し、その後独立。しかし第二次世界大戦後も両国ともに軍事政権やクーデターによる不安定な状況が長く続きました。

チリは1970年に世界で初めて、選挙によって社会主義政権を樹立し、アジェンデ大統領が就任しました。社会構造も社会主義化していきましたが、1973年にクーデターが起き、反共軍事政権であるピノチェト政権が発足。

共産主義者を中心とする反政府派を徹底的に弾圧し、死者は数十万人とも言われています。反共を掲げ、徹底した市場原理を採用したチリの経済は一気に成長しましたが、間もなく格差は拡大し、新たな問題になっています。その後、民主化され、２００６年にはチリ史上初の女性大統領も誕生しています。

アルゼンチンも１９４０年代に軍人であるペロンが軍事政権を樹立し大統領に就任しましたが、１９５５年にクーデターで追放されたり、かと思えば１９７３年にペロンが大統領に返り咲き、さらに１９７６年にふたたび軍部がクーデターで政権を奪取するなど政情不安が続いてきました。経済も破綻寸前で、建国以降、現在まで債務不履行（デフォルト）が９回にも及んでいます。

**そのなかでチリとは何とか戦争に至らない形で国境問題を解決できたのは、ともにキリスト教国（カトリック信者が両国とも70％以上）であったこと、それゆえにローマ教皇の仲裁が功を奏したことが理由だったといえるかもしれません。**

Masuda's memo

クーデター　政府の管轄下にある軍などが暴力を行使して権力を奪取することを指す。「国家に対する打撃」を示すフランス語。

## チリとアルゼンチンの国境がもめなかったのはキリスト教のおかげ!?

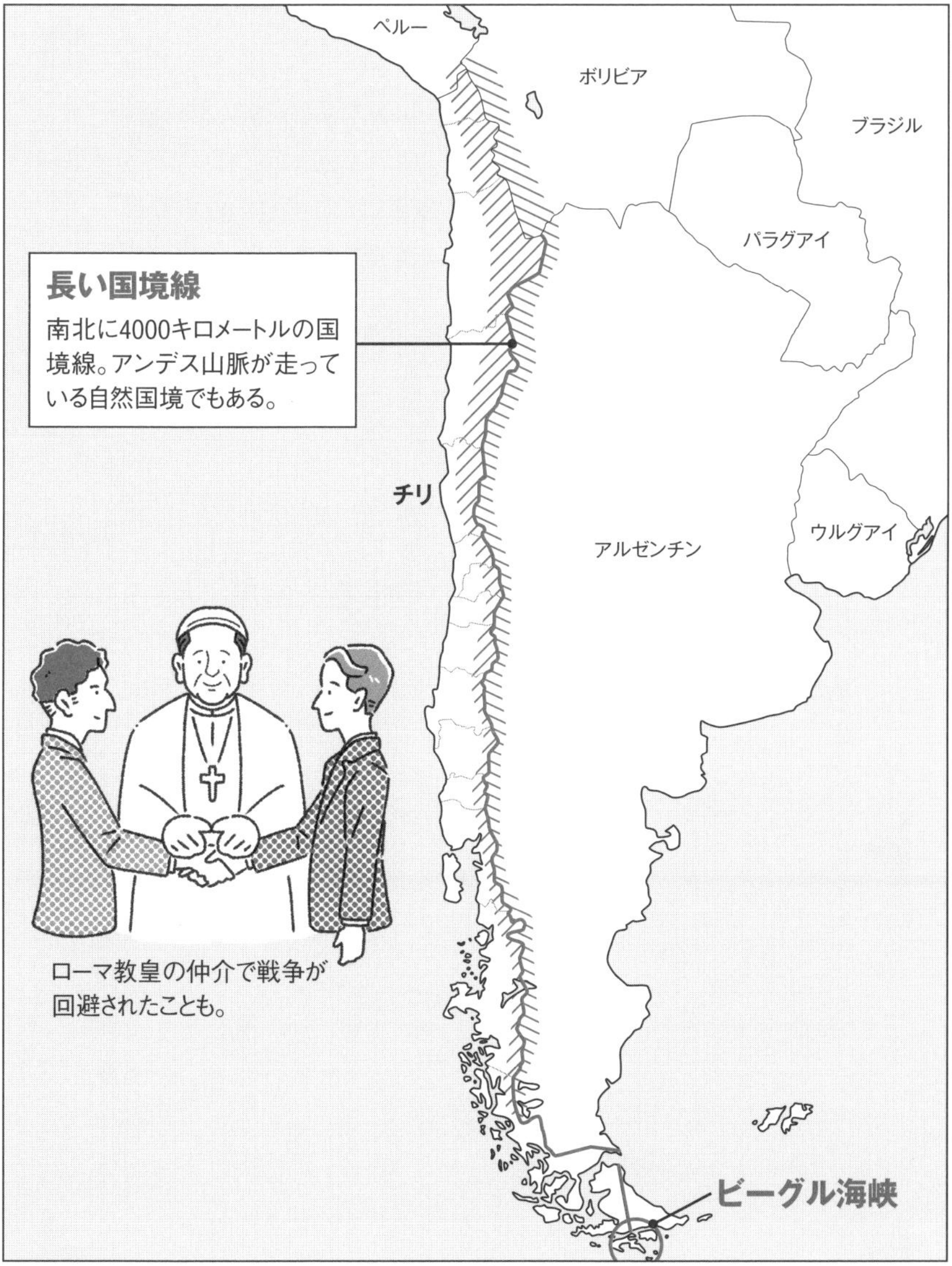
ペルー
ボリビア
ブラジル
パラグアイ
長い国境線
南北に4000キロメートルの国境線。アンデス山脈が走っている自然国境でもある。
チリ
ウルグアイ
アルゼンチン
ローマ教皇の仲介で戦争が回避されたことも。
ビーグル海峡

CHAPTER 2　IKEGAMI'S EYE

# 池上は、こう読んだ

ハンガリーといえば、最近は権威主義的なオルバン首相によって「EUの異端児」となっています。しかし、かつては、オーストリアのエリザベートがハンガリーの人々への愛ゆえにハンガリーの人々の心を掴《つか》み、二重帝国という難しい体制を維持できました。増田さんの心も掴んだようです。改めてエリザベートの存在から学ぶことは大きいでしょう。

国境をめぐる紛争がしばしばニュースになるだけに、平和的な話し合いによって国境が画定した例がいくつもあることは、現在の紛争解決へのヒントになるでしょう。それにしても、言語の問題がいかに大きく歴史を動かしてきたことか。**異なる言葉を話す人に対する寛容さが、紛争を未然に防ぐ重要な要素であるのだと思います。**

中国をめぐる問題でニュースになったのが、アグネス・チョウさんがカナダに留学後、「おそらく一生、香港には戻らない」と宣言したことです。日本語が流暢なだけに、私たちの心に響きます。「50年間は民主主義を守る」と約束しながら、20年ちょっとで約束を覆す。**「中国は約束を守らない」と世界の人たちが疑うようになることは、決して中国にプラスにならないのですが。**

CHAPTER

3

# 国境は自然地形で決まりました

## 厳しい環境が生み出した

人間の意志ではなく、周囲の環境によって
自然にできあがった境界線が
国境になった国々もあります。
地形が隔てた国々と現状を紹介します。

— BORDER STUDIES —

# 南北アメリカ大陸やユーラシア大陸に見る自然国境で決められた地域

自然国境とは、山や川、海などのような自然にできた地形によって決められた国境を指します。南北アメリカ大陸やユーラシア大陸には、山や川によって隔てられた地域が、そのまま国境線になった事例が多くあります。

**【河川国境】**

ドイツから黒海まで2850キロメートルを流れるドナウ川は、ヨーロッパを代表する国際河川。スロバキア、ハンガリー、セルビア、ブルガリア、ルーマニアを隔てる国境にもなっています。ヨハン・シュトラウス2世が作曲したワルツ『美しく青きドナウ』は、聞けば誰もが「あの曲か!」と思う名曲です。

大きな川であれば流れが変わってしまうことはそう頻繁にありませんが、小さな川の場合、自然災害や気候変動の影響で川のコースが変わってしまうこともあります。それによって国境線も影響を受けかねないことから、国際河川委員会が設けられ、川に関するルールが定められています。

Masuda's memo

国際河川　2カ国以上の領域を流れ、外国船舶の自由航行が条約によって認められている河川を指す。ライン川、メコン川、アマゾン川など。

ひと口に「川を国境にし、対岸は別の国とする」としても、川の水や川底の土や資源はどちらの国に属するのか、などの争いも起きかねません。また、大きな川であるほど、それは道路と同じように交通や流通の手段としても使われます。そのため、取り決めが必要になるのです。

とくにいくつもの国を流れる川は国際河川と呼ばれ、かりに自国内を通る部分があったとしても、通行料を取ったり、他国の船の進入を防いだり、勝手に開発したりすることはできません。この国際河川は、1921年にスペインのバルセロナで締結された「国際関係を有する可航水路の制度に関する条約（国際河川条約）」によって定められました。基本的には条約を締結した国々の船であれば、指定された国際河川を自由に航行することができます。

そのほか、アメリカとメキシコの国境の一部を隔てるリオグランデ川や、アルゼンチンとウルグアイを隔てるウルグアイ川、コロンビアとエクアドル、コロンビアとペルーを隔てるプトマヨ川などがあります。

ただしリオグランデ川は河川ルートの変動が激しく、しばしば国境を巡るアメリカとメキシコの対立を引き起こすことにもなりました。

## 【山岳国境】

ノルウェーとスウェーデンはスカンジナビア山脈によって隔てられている山岳国境を有する

国です。この山岳国境には、他にもフランスとスペインを隔てるピレネー山脈や、イタリアとスイス、イタリアとオーストリアを隔てるアルプス山脈、ロシアとジョージア、ロシアとアゼルバイジャンを隔てるカフカス山脈、ベトナムとラオスを隔てるアンナン山脈などがあります。

山岳が隔てていると言っても領土問題が起きないわけではありません。中国、ネパール、インドを隔てるヒマラヤ山脈は自然国境ではありますが、中国－インド間では国境紛争が起こり、今も解決していません（CHAPTER6参照）。

また、カフカス山脈が隔てるロシア－ジョージア間も国境自体は画定しているものの、2008年にロシアはジョージアへ侵攻しました。

**山岳国境は平面的な世界地図ではなかなかわかりづらいのですが、地形や標高のわかる地図で国境線を探してみると、多くの国境線と山脈が重なっていることが確認できるはずです。**

## 【その他の国境】

こうした自然国境以外の国境には、人為的国境と数理的国境があります。人工的な障壁や、地図上の緯度・経度によって引かれた国境線を人為的国境と呼び、なかでも緯度・経度によって直線的に引いた国境線を数理的国境と言います。CHAPTER2で紹介したアメリカ・カナダ間の国境の他、次のCHAPTER4で取り上げるアフリカに多く見られるケースです。

Masuda's memo

アルプス山脈　最高峰はモンブランで標高は約4806メートル。登山鉄道などが発達。「アルプス一万尺」という歌があるが、一万尺は3030メートル。

## 自然国境は山や川によって決まるもの

# フィヨルドに代表されるノルウェーとスウェーデンの自然国境

**ノルウェーとスウェーデンを分ける国境はスカンジナビア山脈。つまり、地形による自然国境が両国を隔てています。**

ノルウェーの西部の海岸線はフィヨルドと呼ばれる氷河が浸食してできた複雑な地形の湾・入り江で形成されています。天然ガスが出る資源産出国でありながら、自国の電力のほとんどを水力発電で賄うノルウェーは、世界有数の漁業国でもあります。日本でもサーモンが有名ですよね。

ノルウェーは19世紀初頭にはスウェーデンの一部で、スウェーデン＝ノルウェーという連合王国を形成していましたが、１９０５年にノルウェー王国として独立し、現在に至ります。

一方のスウェーデンはノルウェーをナポレオン戦争の余波で得たものの、長く支配してきたフィンランドを割譲せざるを得なくなったという経緯があります。第一次・第二次世界大戦中もスウェーデンは中立をつらぬき、戦後もそのままの姿勢を保った一方、第二次世界大戦中にドイツに占領されたノルウェーは戦後、ＮＡＴＯに加盟します。しかしＥＵへの加盟は国民投票で否決されています。

Masuda's memo

スカンジナビア山脈 最高峰はノルウェー側にあるガルフピッゲン山で約2470メートル。鉄鉱石や森林資源が豊富で、水力発電も盛んにおこなわれている。

中立を保ってきたスウェーデンは国連を通じた平和維持活動には積極的に参加し、ＥＵには加盟したものの、近年までＮＡＴＯには加盟せずに来ました。しかし２０２２年２月のロシアによるウクライナ侵攻を受けて、中立・非同盟政策を転換し、ＮＡＴＯ加盟申請を行いました。ロシアの行為には〝国是〟ともいえる中立政策を一気に転換させるほどのインパクトがあったのです。

こうした**歴史的経緯やスタンスの違いがあったノルウェーとスウェーデン間には国境に関する争いはなく、現在もほぼ自由に行き来ができる状況になっています。一方でノルウェーはロシアとの間に海域をめぐる係争があり、実に40年にわたって境界画定のための交渉が続けられてきました。**

係争があったのはバレンツ海と北極海に広がる海域で、その面積は17万5千平方キロメートルにわたり、しかも膨大な天然資源（天然ガスなど）が眠っているとされたためです。

粘り強い交渉の結果、２０１０年４月のロシア―ノルウェー間の首脳会談において、係争海域の面積をほぼ等分する形の画定で合意。９月に条約に調印しました。漁業問題についても双方に悪影響が及ばないよう配慮することが条約で確認されることになりました。

# 日本にも大きく影響がある領海・接続水域、大陸棚とは

## 【領海・接続水域】

日本が実効支配していながら、中国も領有を主張し、事実上の係争地となっている尖閣諸島のニュースを、目にしたことのある人は多いと思います。「領海／接続水域に○日連続で中国船が侵入／入域」などと報じられますが、この場合の領海、接続水域、あるいは排他的経済水域とはどのようなもので、外国船に対して沿岸国としてなにができて、できないのかは必ずしも広く理解されていないのではないでしょうか。

**日本のように海に面している国には、海の上にも領土に近い「領海」があります。**沿岸から一定の距離の水域は、その国の領海となりますが、領土とは違って他国の船が自由に通行する権利を持ちます。ただし、沿岸国の安全や平和を乱さない範囲に限られていて、これを「無害通航権」と呼びます。

許されているのは「継続的かつ迅速な通航」であって、そこに長くとどまったり、碇を下ろしたりするのはもちろん、同じところをぐるぐると回る徘徊や、漁のような行為は禁じられて

Masuda's memo

基線　潮が一番引いた時の海岸線のことを指す。領海の範囲を測定するための起算点となる。

います。こうした通航以外の意図をもってやってくる船に対しては、沿岸国が警告を発するなど何らかの対処を行うことができます。

**領海の範囲は、沿岸の基線から12海里（約22・2キロメートル）。日本（対馬）と韓国の間のように最短距離が43キロメートルしかなく、互いに12海里の領海をもてないところでは、話し合いによって領海の範囲を短くするなどの措置を取っています（日韓間では3海里）。**

さらに領海の外側に接続水域があります。これは領海のさらに外側へ12海里の海域を指し、公海と同じように外国船が自由に通行することができます。ここは「無害」であれば通航できる権利ではなく、より自由な航行が許されています。とはいえ、沿岸国は銃器や麻薬の密輸、密入国などを防ぐため、通関や出入国管理に関する自国の法律を適用できる領域でもあります。

たとえばこの接続水域内で不審船などを見つけた場合、沿岸国はその船に対して領海に侵入する意図があるかを確認し、呼びかけに応じないなどの場合には警告を発することが認められています。

尖閣諸島を巡る報道では「中国船が接続水域に進入した」ことも取り上げられますが、接続水域内に入ること、それ自体に問題はありません。

ただし中国船が接続水域への侵入を常態化させることで、尖閣諸島や周辺の海域を中国の領海・接続水域であるかのように印象付けようという意図があるのだとすれば、沿岸国である日本としてはなるべく穏便に退去を願うほかありません。また、通航それ自体はよくても、中国の漁船が漁をすることや、中国の公船が情報収集をすることは許されていません。

接続水域のさらに外側、基線から200海里の範囲を排他的経済水域（EEZ）と呼びます。この水域では沿岸国が自由に漁をしたり、海底資源を開発・発掘したりすることも認められています。当然、沿岸国でない国は沿岸国の許可なく漁や資源開発をしてはいけないことになっていますが、やはりここでも係争は起こりがちで、日本も中国との間に東シナ海のガス田を巡る争いがあります。

## 【大陸棚】

こうした海に関するルールは歴史の中で少しずつ積み上げられて来たものですが、海底開発の技術の発展により、ルールが変更になったものに大陸棚の問題があります。

**大陸棚とは陸地の周りに陸続きにありながら海に浸かっている部分のこと。**この大陸棚は沿岸国の陸地として扱われるべきなのか、そうだとすればどこまでを対象とするのかなどの問題が、技術の発展で海底深く潜れるようになったことで生じてきたのです。

1958年、第一次国連海洋法会議で大陸棚条約が採択されました。ここでは大陸棚を「水深200メートルまで、または天然資源の開発可能な水深まで」と定義しましたが、その後、技術が進み「開発可能な水深とは基準になり得るのか」が問われることになりました。

そこで話し合いが重ねられ、**1982年に採択された国連海洋法条約で、「沿岸国は200海里までの海底および海底下を自国の大陸棚と決められる」ことになります。さらには海底の地形や地質次第では、最大350海里まで、または水深2500メートルの等深線から100海里のいずれか遠いほうまで大陸棚の限界を設定することができる、と定められました。**

**しかし多くの島や大陸が長い大陸棚を持っている場合、二国の大陸棚が重なってしまうケースもあります。**

これは日本も例外ではありません。日本と中国の排他的経済水域が重なる地域で天然ガスが埋蔵されていることがわかってすぐ、中国がその場所に天然ガスの採掘場を建設し、両国間で問題になりました。日本は「採掘場は両国の中間線から近すぎる。これではすべてのガスを吸い取られてしまう」と抗議しましたが、中国は「沖縄トラフまでの大陸棚全域が中国の経済水域である」と主張したため、両国の間で争いになりました。

中国は日本との間だけでなく、南シナ海でも「九段線」と呼ばれる領海、接続水域、排他的経済水域、そして大陸棚まで盛り込んだ自国の権益を主張する線を地図上に引き、利害のぶつかる周辺国から強い反発を受けています（CHAPTER2参照）。

# 国境は土地だけでなく空にも。フライト時間が長くなった理由

## 【領空】

領土・領海の上空、つまり空にも「領空」と呼ばれる領域があり、領土と同じく主権が認められています。

現在、領空の範囲としては国際航空連盟という民間団体が定めた「地上から100キロメートルを宇宙空間と大気圏の境界とする」という定義に基づき、領土・領海の上空で高度100キロメートルまでの空間が領空と定められています。領土・領海上をどんどん上空へ上っていけば、そのうち成層圏を突破し、宇宙空間に出てしまうからです。

領空は、国際条約に加盟している国の民間機であれば、領域国の領空を許可を得ることなく通過することができます。ただし領域国は飛行禁止区域を設けることができます。

2022年2月に始まったロシアによるウクライナ侵攻で、ヨーロッパの多くの国々がロシアの民間機に対して「自国の領空を飛ぶべからず」と飛行制限を設けました。これに対してロ

Masuda's memo

領空 無許可での相手領空内への侵入は「領空侵犯」という国際法上の不法行為。領海の場合はルールが異なるので「領海侵入」が正しい。

**シアも多くの国に対して空域制限をかけたため、日本とヨーロッパを行き来する飛行機もロシア上空を飛ぶことができなくなっています。**

たとえば東京とロンドンを行き来する場合には、北極上空や中国上空を飛ぶ迂回ルートを取らざるを得なくなっており、ロシア上空を通るルートよりも2～3時間ほど余計にフライト時間がかかるようになっています。

なお、領空とは別に各国が軍事・安全保障上の必要性から設けている空域に、「防空識別圏」があります。自国の周辺を飛行している航空機が、どこの国籍なのか、領空侵犯のおそれがあるかといった識別などを行うために領空の外側にそれぞれの国が独自に設けているもので、法的な拘束力や相手に対する強制力をもちません。

しかしこれはこれで別の問題を生んでもいます。たとえば中国と台湾の間では、中国軍機が台湾の防空識別圏に侵入したことがニュースになったり、中国が日本の沖縄県尖閣諸島を含む空域に「東シナ海防空識別圏」を設定するなどして、日本の領空があたかも中国の領空であるかのような態度を見せたりしています。日本としても看過できず、まさに空中戦の様相を呈しています。

## 領海と領空の考え方

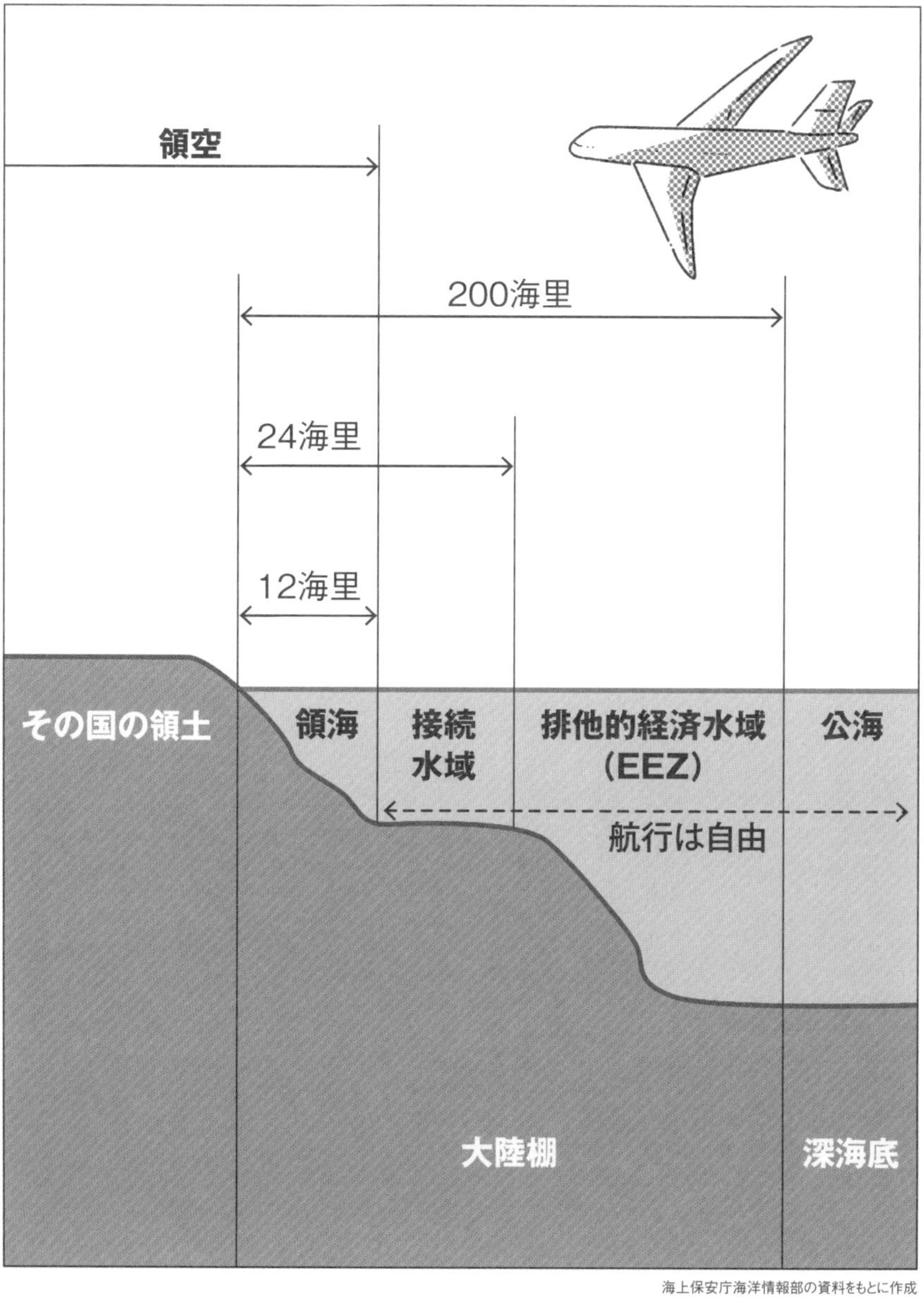


海上保安庁海洋情報部の資料をもとに作成

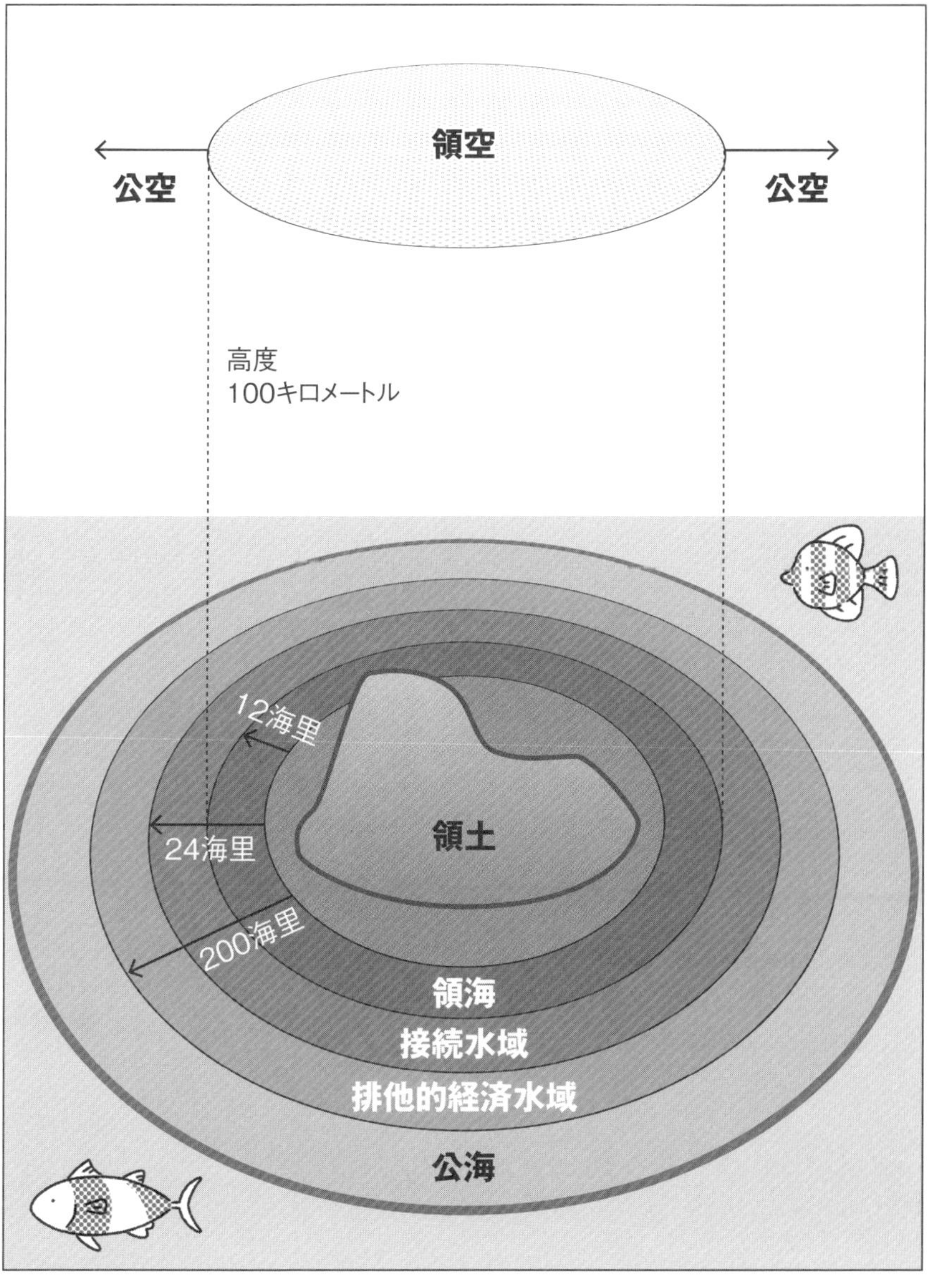
領空
公空
公空
高度
100キロメートル
12海里
24海里
200海里
領土
領海
接続水域
排他的経済水域
公海

# 日本の領海に存在する国境問題。尖閣諸島と魚釣島

領海や領空について知れば、一歩越えたら別の国、というような「国境線のない」日本でも、自国の主権が及ぶ範囲を少しイメージしやすくなったのではないでしょうか。

また、**地図を眺めていると小さな島国に見える日本も、島が多いため排他的経済水域でみると、実は世界で10本の指に入る広い国でもあります。**小笠原諸島や南鳥島、沖縄本島の先の与那国島や石垣島、岩にしか見えないものの島としてカウントされている沖ノ鳥島など、それぞれの島から200海里以内は排他的経済水域に設定でき、漁や資源採掘など経済活動が自由に行える海域になっています。

逆に言えば、島1つなくなれば200海里にも及ぶ排他的経済水域が消えてしまうことになります。沖ノ鳥島は日本の最南端の島で、〝まるで岩のように〟本当に小さなものですが、もし沈んでしまったり、荒波で削り取られたりしたら、かなりの広さの排他的経済水域を失うことになります。そこで日本政府は島の周りをコンクリートで覆い、波で洗われないよう消波ブロックまで設置して島の消滅を防いできました。

Masuda's memo

**日本の島の数** 以前は6852島と発表されていたが、2023年2月に国土地理院が発表した新しい計数によると、測量技術の進歩もあって1万4125島と倍以上に増えた。

一方、中国は「これは島ではなく岩である。したがって周辺の海も公海なので、中国が調査や開発を行っても何ら問題はないはずだ」と主張し、２００４年に沖ノ鳥島周辺で海底資源の調査を行いました。その後も現在までたびたび中国による調査が行われており、その都度中国は「沖ノ鳥島は島ではなく岩である」との主張を繰り返しています。

このように、厳密な意味での「国境問題」は抱えていない日本ですが、１万４１２５もある島の中には、海を隔てた隣国との領有権問題を抱えている場所も存在します。**一般的には「領土問題」や「領有権問題」と呼ばれますが、島がどちらの国に帰属するかで国境線が変わってしまうという意味では、これも国境問題と言っていいのかもしれません。**

こうした、日本の島を巡る領土・国境問題についてみてみましょう。

## 【尖閣問題】

領海のところでも少し触れましたが、日本と中国の間には尖閣諸島問題が存在します。尖閣諸島は沖縄本島から約４１０キロメートル、台湾にほど近いところにある島々です。日本では一番大きな島を「魚釣島《うおつりしま》」と呼んでいますが、中国は「釣魚島《ちょうぎょとう》」と呼び、領有権を主張しています。

また、台湾も領有権を主張していますが、中国の主張は台湾の主張に則ったものです。

中国の言い分は「日本が日清戦争で勝利した際に、弱体化していた清を横目に尖閣諸島の領有を一方的に宣言した。本来は、第二次世界大戦後に台湾と一緒に、尖閣諸島も中国に返還すべきだった」というものです。つまり、台湾は中国の一部であり、尖閣は台湾の一部なのだから、尖閣も中国の一部である、というのです。

台湾政府は日本との関係を尊重し、現在は声高に公言することはありませんが、尖閣諸島については自分たちの領土であるという認識をもっています。それゆえに、台湾内にも「尖閣領有権」を主張する人たちがいますし、香港や中国本土の活動家が台湾で領有権主張を展開しているという実態もあります。

**日本の見解としては、「どこの国も支配したことのない土地は、それを最初に発見し、領有権を宣言して実際に統治した国に権利がある」という「先占」の権利を主張しています。**１８８４年に日本の事業者が開拓した島を、１８９５年に正式に日本に編入する宣言を行い、実際に鰹節工場などを建てて活用していたのです。第二次世界大戦後、一度はアメリカの統治下にありましたが、その後返還されて現在に至ります。

日本は国際的な慣習に則り、この「先占」の主張の際に国際社会のどこの国からも物言いがつかなかったことで、日本への編入が確定した、と考えています。しかし中国はそうは考えず、「中国の力が弱く主張できなかったスキに奪われたのだ」と主張し、日本の先占以前から中国は尖閣諸島を認識していたとして、古地図などを論拠に領有権を主張しています。

Masuda's memo

**尖閣諸島**　石垣島の北北西に点在する島嶼《とうしょ》群で、魚釣島、北小島、南小島、久場島、大正島に加え、沖ノ北岩、沖ノ南岩、飛瀬という岩礁からなる。

戦後、中国は1972年までは尖閣の領有権を主張していなかったのですが、この年になって急に「日本が戦争に乗じて一方的に領有を宣言したものであり、元は中国の島である」と言い始めました。これは1969年の国連機関の調査で尖閣周辺に地下資源が埋蔵されている可能性が指摘されたから、だとされています。

中国が急に尖閣領有権を主張し始めた1972年には、日中間で国交正常化交渉が行われていて、同年9月に共同声明が発せられます。この時、中国側は国交正常化を優先して尖閣の領有権を巡る問題を「棚上げ」したと主張していますが、日本側はこの「棚上げ」に合意したことはないという立場を取っています。

1978年、約100にも上る中国漁船団が尖閣諸島に集団で接近すると、領有権を取られては大変だとこれに対抗して日本の民間人が魚釣島に灯台を建設。1992年には中国が領海法という国内の法律で一方的に尖閣諸島を自国領と位置づけ、2004年には中国の民間人が魚釣島に上陸して日本の沖縄県警に逮捕される事件も起きました。

**双方の争いが激しくなるなか、2010年に起きたのが尖閣沖中国漁船衝突事件です。**尖閣沖に現れた漁船に対して警告を発していた海上保安庁の船に、中国漁船が衝突。船長を逮捕しましたが、日本政府が日中関係の悪化を恐れて中国へ送還します。しかし中国側は国内で激し

Masuda's memo

**日中国交正常化** 日本の田中角栄首相と中国の周恩来首相が共同声明を発表し、国交正常化が成立。これにより台湾の国民党政府との関係は断絶。

い反日デモを展開し、日本大使館に石が投げ込まれたり、日本ブランドの不買運動が行われたりと激しい反応を引き起こすことになりました。

そして2012年には、「現在個人所有になっている尖閣諸島の土地を、中国人に買われては大変だ」と考えた当時の石原慎太郎東京都知事が「尖閣諸島を東京都で買い取る」と公言。賛同した都民・国民から14億円の寄附金が集まりました。これに慌てた日本政府が「買い取るなら国の仕事だ」と尖閣諸島のうち魚釣島、北小島、南小島を約20億円で購入すると、再び激しい反日デモが中国全土で巻き起こることになりました。日本料理店や日本企業の工場などが略奪や放火の被害に遭うという散々な状況になったのです。

その後はこうしたデモなどは起きていませんが、中国は海警と言われる中国版海上保安庁の船を尖閣諸島沖に頻繁に出動させるようになり、現在も続いています。

ちなみに、東京都に集まった寄附金のうち、尖閣諸島の調査などのために使われたのは8000万円（2022年4月現在）。会計年度を問わない基金として管理していますが、責任の所在を曖昧にしないためにも、有効活用する方法を考える必要があります。

## 池上は、こう読んだ

国境は自然の地形で決まった場所もある。こう聞くと、平和に画定した場所もあるのだとほっとしてしまいますが、それでも紛争になる場合があるのですね。まことに人間というのは、「少しでも自国の領土」を広げたいと考える欲望のかたまりです。とはいえ、自然の地形があるゆえに自国の安全に支障が出る場合もあるので、国境線は面倒くさいのです。

ロシアによるウクライナ侵攻に対し、世界各国が経済制裁した結果、日本からヨーロッパに行く航空便は、これまでより時間がかかり、燃料代も増加しました。欧米各国にすれば、ロシア機の領空通過を禁じても、自国には大きな影響がない場合があるのでしょうが、日本はそうはいきません。そこで、南回りで中東にて乗り継ぐというコースを選ぶ人も増えています。

日本は「小さな島国」だと思い込んでいる人もいるでしょうが、排他的経済水域まで含めると、堂々たる大国なのです。とりわけ南鳥島周辺の海底にはIT機器に欠かせないレアアースが大量に埋蔵されているという調査結果も発表されています。そもそも海は漁業資源の宝庫でもあります。日本にとっての「海の国境線」に、もっと関心をもつことが必要ですね。

を巡る 取材ノート

## 「国境」を越える女性たち

### 日本のパスポートでわかる国際社会での立ち位置

日本のパスポートは国境をわたるのに最強レベルだと言われます。私自身、初めてパスポートを手にしてから今日まで、国から国への移動が難しいと思ったことはほとんどありません。行き先にもよりますが、ビザを必要とした国は少なかったと記憶しています。

ビザとは、行き先の国が発行する「査証」。外国人旅行者が正統な理由と資格をもっているかを証明するもので、日本のパスポートの場合、90日以内の旅行であれば免除される国が多いのです。受け入れ先（行き先）の国が、外国人を入国させるかどうかを決めるわけですから、お互いの関係がよくなければビザが必要になります。そう考えると、国際社会における日本の立ち位置がわかりますよね。第二次世界大戦後、戦争を放棄し、途上国や紛争地域に対して地道な援助活動を続け、各国との良好な関係を築いてきた結果ともいえるでしょう。

宗教の違いや民族の問題で、日本人が日本で暮らせなくなることはなきに等しいと思います。島国日本の国境は「海」。隣国と地続きの国境がないことも幸いし、ヨーロッパやアメリカと比べると移民についてもそこまで大きな問題にはなっていません。

古来から日本は「八百万《やおよろず》の神《かみ》」といい、森羅万象あらゆるものに神が宿るという考え方の国です。初詣やお宮参りのときには

# 増田ユリヤの見た「国境」

神社に行き、葬儀は仏式で行うことに何ら疑問をもたず、宗教に対して寛容なので、そこを魅力に感じてくれる外国人もいます。以前、日本で暮らすハンガリー人の学者に話を聞いたときに「自分はユダヤ人だ、と日本人に話してもほとんど反応がなかった。宗教で差別されることはありませんでした。キリスト教国のハンガリーやヨーロッパにいるときよりも、はるかに安心できる国だと感じて、日本が大好きになりました」といわれたのです。日本という国がそんな見方で評価されることもあるのかと驚きました。

## 「国境」を越えたカリコ博士

ハンガリーといえば、新型コロナワクチン開発の土台となったmRNA（メッセンジャーRNA）の基礎研究が認められ、2023年にノーベル生理学・医学賞を受賞したカタリン・カリコ博士の体験談も忘れられない取材の1つです。カリコ氏は、1955年にハンガリーに生まれました。当時のハンガリーは東西冷戦のただ中、旧ソ連グループの一員でした。子どもの頃から生き物の観察が大好きだったカリコ氏は、大学では理学部に進み、分子生物学の研究に没頭しました。しかし、1980年代半ば、ハンガリーは経済的に非常に困窮した状況に陥ります。大学の研究費も打ち切られ、研究を続けるためには海外の大学に行くしかないという窮地に追い込まれました。国を出て研究を続けるためには、亡命を覚悟するか、正式な形で仕事を得て、

カリコ博士と思い出のテディベアと

ビザを取得して海外に行くか、という選択肢しかありません。亡命という道を選択すれば、二度と故郷に帰れなくなるかもしれません。誰よりもハンガリーを愛し、親きょうだいなども暮らしている母国にいつでも自由に帰ってきたい。すでに結婚して2歳になる娘もいたカリコ氏は、夫の理解もあって家族3人で一緒に行動すると決めていましたし、研究も続けていきたかったのです。

必死の思いで海外の大学に申請をしたところ、アメリカのテンプル大学からポスドク（博士課程修了後の任期付き研究職）として採用するという通知が届きました。しかし、当時のアメリカはソ連と敵対している未知の国。カリコ氏は海外に出たこともパスポートを取ったこともありません。渡航の際にハンガリーから持ち出すことが許されていた外貨の金額はたった100ドル（当時は2万円）でした。それでも闇市で車を売るなどして1000ドルを工面し、娘のテディベアの背中を切ってお札を縫いこみ、娘にテディベアを持たせて出国しました。携帯電話もなく、クレジットカードを持ったこともないカリコ氏は、誰一人として知人すらいないアメリカに国境を越えて渡り、幾多のハラスメントにも負けずに自身の研究を続け、世界中の人々の命を守るワクチン開発に貢献し、ノーベル賞受賞という結果を得ました。時代と言ってしまえばそれまでですが、そんな思いをして国境を越えなければならない人もいたのです。

アメリカは移民大国です。歴史をみれば、移民が作った国であるともいえるでしょう。17世紀のはじめ、イギリスで弾圧されたため、自由な信仰を求めて国境を越えて渡米してきたピューリタン（清教徒）の話は有名ですが、ヨーロッパ各国やロシア、中国など、実に様々な国から国境を越えてきた人たちが作りあげてきた国がアメリカです。

そこには政治的・思想的な自由を求めてきた人もいましたし、ピューリタンのように宗派の違いから弾圧されたキリスト教徒や、迫害を受けたユダヤ教徒、イスラム教徒もいます。そう考えると、アメリカ国民の多くは、自国を捨てて（捨てざるをえなくて）アメリカに渡ってきた亡命者とその子孫の集まりともいえます。

# NYで見たユダヤ人社会

本書を製作中に、パレスチナのイスラム組織ハマスによるイスラエルへの奇襲攻撃があり、これをきっかけにイスラエルによるパレスチナ自治区ガザへの大規模な攻撃が始まりました（２０２３年10月）。本文中でも、イスラエル建国とパレスチナ自治区の問題についてお話ししていますが、イスラエルにしてみれば、ハマスの襲撃で１２００人もの国民が殺されるという経験は、第二次世界大戦中のホロコースト以来の衝撃でした。

アメリカはイスラエルに次いでユダヤ人が多く住む国で、ユダヤ人全人口のおよそ40%が暮らしています。ハマスをせん滅させるまで戦うというイスラエル政府の方針に、多くのユダヤ人は一定の理解を示していますが、ガザで暮らすパレスチナ人まで無差別に攻撃して命を奪うやり方に反発する声も強まっています。

## NYで取材したパレスチナ

戦闘開始から2か月後の２０２３年12月、NY（ニューヨーク）で取材をしました。このときすでにパレスチナ人の犠牲者が２万人を超えていました。停戦を訴えるデモや反ユダヤ主義に対するユダヤ人の反発など、まさに人々が分断されている状況がみてとれました。インタビューをした中で、印象に残った人がいました。NYの名門コロンビア大学で教鞭をとっている30代の男性です。学生の間でも対立が顕著になり、学内で差別や暴動などが起こったりしたので、大学内での反ユダヤ主義的な発言や活動が禁止され、議論すらできないことに怒りをあらわにしていました。「大学の自治が脅かされている」と。男性教員の両親はパレスチナ難民でアメリカに逃れてきた亡命者。勝手に両親も彼もイスラム教徒だと思い込んで話を聞いていたら、さにあらず。彼の家族はみなギリシャ正教徒つまりキリスト教徒だというのです。

「イスラエルが建国される前のパレスチナ地方（現在のイスラエルがある場所）には、分断する壁も何もなく、ユダヤ教、キリスト教、イスラム教の人たちが共生していた時代があったと両親から聞いています。そこに住んでいた人たちを追い出し、勝手に国境線をひいてイスラエルを建国した結果が、現在の問題につながっています。壁のなかった時代があることを知ってほしい。無辜の市民の命を奪ってはいけないという思いです」（男性教員）

NYのデモを取材中の著者

　ガザを取り囲む壁は、国境ではありません。しかし、国境よりも強固でパレスチナの人たちを閉じ込めてきた壁なのです。壁を取り払い、国境線に翻弄されずに人々が安心して暮らせる日がくることを願わずにいられません。

CHAPTER

4

人の土地にズカズカ入ってきて…

# 国境は他所の人が勝手に決めました

世界地図を見ていると気がつく
不自然な国境線の数々。
それは植民地支配が現代に残した
争いの種でもあったのです。

— BORDER STUDIES —

# かつての植民地支配が生んだ不自然な国境線たち

国際ニュースで「グローバルサウス」という言葉をよく聞くようになりました。これは北半球と南半球の発展や富の格差を問題視する「南北問題」における南にあたる国々や、冷戦期における社会主義陣営（東側）と資本主義陣営（西側）のどちらにも属さない国を示す「第三世界」などの表現の延長線上にある言い方です。

いわゆる先進国ではない、しかし開発途上国とも違う国々を包括するのに便利な言葉として使われるようになりました。

**グローバルサウスの一角を占めるのが南アフリカ共和国です。アフリカ諸国の中でG20のメンバーであり、BRICS（ブラジル、ロシア、インド、中国、南アで構成する新興国グループ）の一員でもあるなど、エジプトと並んでアフリカ大陸を代表するような国でもあります。**

そのアフリカ大陸ですが、**地図を見ると誰もがその国境線の不自然さに気づきます。あまりにもまっすぐで、直角。まるで定規で線を引いたような国境が多くみられるからです。その理由は、かつてアフリカを侵略し植民地にして支配したヨーロッパ人たちが、緯度や経度をもとに国境を決めたことに由来します。**

Masuda's memo

グローバルサウス　先進国の多い北半球と対比して途上国が多くこれからの発展が見込まれる南半球を指す言葉だったが様々な意味を背負いつつある。

現在のアルジェリアやマリなど北部はフランス。エジプトや南アフリカはイギリス。その他、ポルトガル、ベルギー、ドイツ、スペイン、イタリアがそれぞれ進出し、激しく植民地の取り合いをするなかで「フランスの植民地はここからここまで」などと緯度や経度を基に決めたのが、現在のアフリカ諸国の国境線になっています。

1884年、当時のドイツ首相・ビスマルクの提唱で開かれたベルリン会議によって、植民地を分割するためのルールが定められました。最初に占領した国にその地域の領有権があり（先占権）、沿岸部を占領すれば内陸まで併合できる、といった原則です。アフリカ人は会議に参加しておらず、先占権を認めたため、かえって取り合いが激化した結果、直線的に割り振られた植民地の境界線の多くが、そのまま現在の国境になったのです。文字通り、アフリカの国境は「他所（ヨーロッパ）の人が勝手に決めました」。

もともと国境という概念がなかったアフリカ大陸にも王国は存在しましたが、それぞれの民族を統治するのが主であって、必ずしも領地を治めるものではありませんでした。

しかしそこに他所の人が勝手に線を引いてしまったため、あるところでは民族が分断されて別の国に、またあるところでは別の民族が同じ国に分類されてしまい、現在にまで至る民族紛争の火種となってしまったのです。

アフリカ諸国は20世紀に入ってから…その多くは第二次世界大戦後になってから、独立運動を起こし、新しい国を作っていきました。その過程では、現在はアフリカ諸国のリーダー的存在でもある南アフリカでも、恐るべき事態が発生しました。少数派の白人が政権を取って、アパルトヘイトと呼ばれる人種差別・隔離政策を敷いたのです。

この後に見るアフリカ諸国内での独立運動の影響を受けて人種差別に対する非難は高まったのですが、それに対して南アフリカではむしろ黒人を「ホームランド」と呼ばれる地域に隔離し、白人と黒人の婚姻を禁止するなどの政策を取るようになったのです。こうしたアパルトヘイト政策が撤廃されたのは、実に１９９４年のこと。アフリカで多くの国が独立した後のことでした。

しかし、**独立したからと言ってすべてが丸く収まったわけでは全くありません。独立時に植民地時代の国境線をそのまま引き継いだことで、紛争が起きることになってしまうのです。**

## 他所の人たちが決めた国境線

植民地支配をしていた
ヨーロッパの国々が
勝手に決めました

## 直線が目立つアフリカ大陸の国境線

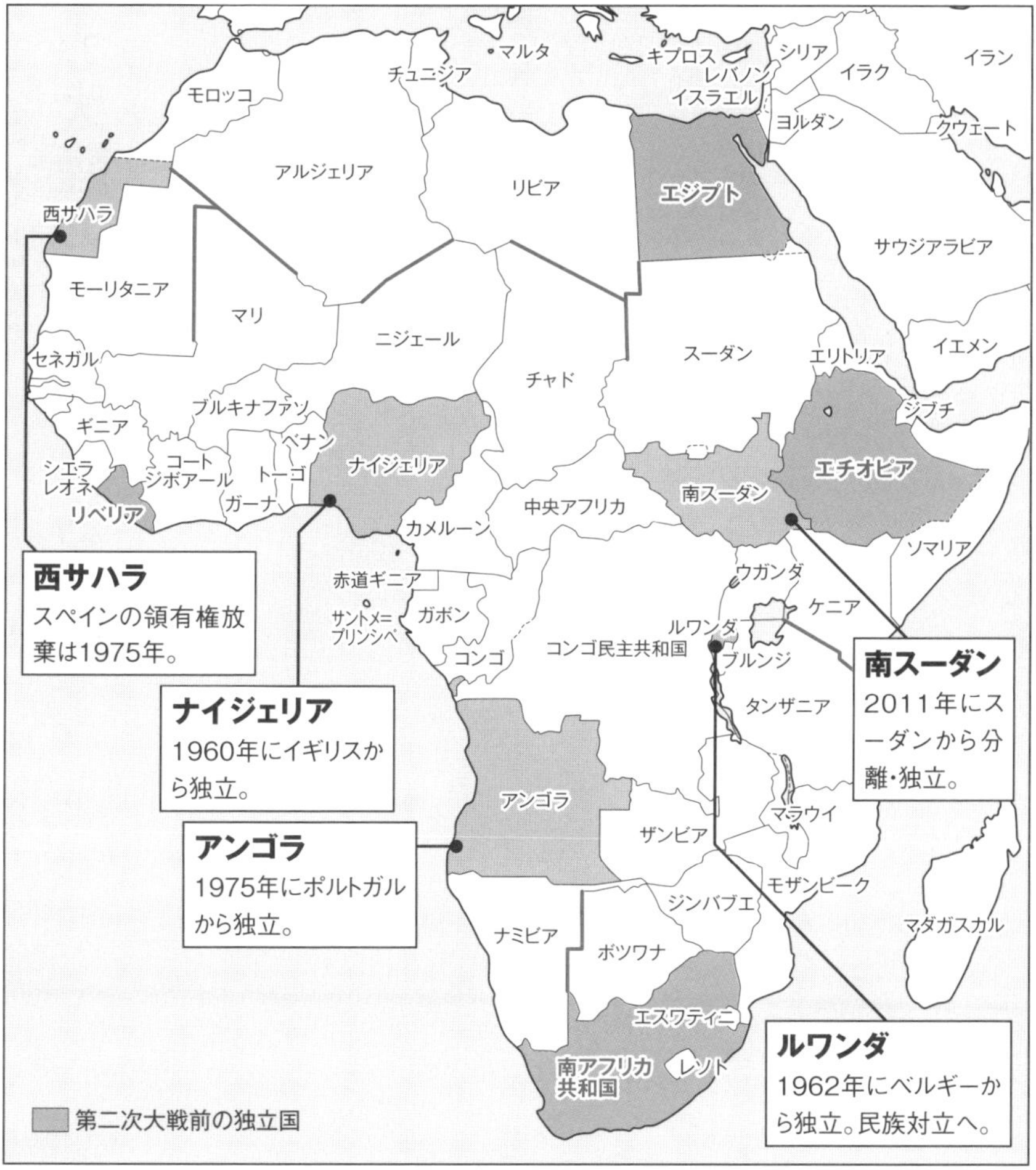

# ルワンダとアンゴラ アフリカ大陸の国境を巡る問題①

## 【ルワンダ】

第一次世界大戦後、敗戦国ドイツの植民地ルワンダを引き継いだベルギーは、ルワンダ国王による間接統治という支配の形をとりました。その際、背の高さや顔の骨格、肌の色など外見の特徴で国民をツチ人とフツ人に分け、人口の約2割にあたる少数派のツチ人を優秀な民族として、多数派（8割）のフツ人を支配する構図を作り上げたのです。ツチ人は、教育、経済面で優遇され、役人にも採用されました。

2つの民族に人種的な違いはなく、言語も宗教も同じで結婚もしていたにもかかわらず、意図的に対立構図を作って統治したのです。不満を募らせていたフツ人は、1959年の国王の急死をきっかけに革命を起こし、反国王派のツチ人と協力して選挙を実施。フツ人の政党が第一党となって共和国を宣言し、1962年に独立。フツ人のカイバンダ大統領が誕生しました。今度は、国内で冷遇されるようになったツチ人の不満が募り、政情は不安定な状態が続きました。その後、経済発展を遂げ「アフリカの模範生」と言われるまでになったルワンダでしたが、成長がストップして貧富の差が拡大すると、民族対立が再燃。1994年、ツチ人による反政府ゲリラと政府軍との内戦に突入します。一時は和平交渉も成立しましたが、フツ人の大統領

Masuda's memo
レアメタル　コバルト、ニッケルなど希少金属のこと。スマートフォンやパソコンに使われる半導体製造に必須の素材のため、現代になってから需要増。

が暗殺されたことで対立が激化。フツ人政府軍や強硬派がツチ人を大量虐殺するに至りました。しかし、多大な犠牲を出しながらも、ツチ人ゲリラが全土を制圧。停戦合意がなされました。現在の民族構成はフツ人85％、ツチ人14％と、フツ人が多数派です。**激しい内戦後は順調に成長を続け、レアメタルなどの資源産出国やIT産業国としての存在感を増しています。**

この激しい内戦時に、迫害されるツチ人1200人以上をかくまったホテルの支配人、ポール・ルセサバギナをモデルにした映画が『ホテル・ルワンダ』で、内戦を描いた作品として評価されています。

## 【アンゴラ】

1975年の独立直後から実に27年も続いたアンゴラ内戦は、民族問題に加えて米ソ冷戦の影響を大きく受けた結果、発生したものです。ソ連の影響を受けて社会主義を掲げる勢力と、アメリカの影響で資本主義を理想とする勢力が国内で激しく対立し、それぞれの陣営を米ソやキューバ、南アフリカなどが支援したため、激しい内戦に発展しました。

**内戦はソ連崩壊で冷戦が終わりを迎えた後の1991年に一度、終結に向かいました。しかし、その後も対立は続き、停戦協定が結ばれたのは実に2002年のことでした。その間、360万人が亡くなったともいわれています。**

現在は社会主義路線を放棄し、市場経済への移行を進めています。

# 南スーダンとナイジェリア
# アフリカ大陸の国境を巡る問題②

## 【南スーダン】

南スーダンも、内戦で実に200万人もの死者を出しながら、2011年に独立を果たしました。

19世紀末からイギリスとエジプトの共同統治下に置かれたスーダンは、アラブ系住民の北部と、アフリカ系住民の南部を分断する植民地政策が行われていました。1956年に南北両地域を含むスーダン共和国として独立しますが、北部のアラブ系主流派が実権を握ったため、南部の不満が高じて内戦に。1972年に和平合意となりましたが、1983年にイスラム主義による統治が始まると、内戦状態に突入。戦いは2005年まで続きました。

**200万人にも上ると言われる多くの犠牲を出しながらも南北間で和平合意が成立し、住民投票によって南部が南スーダンとして独立します。**

住民の99%近くが独立に賛成するという投票結果に基づくものだったことを受け、国連もこれを支持し、国連南スーダン共和国ミッション（UNMISS）の一環で自衛隊も道路などのインフラ整備のために部隊を派遣しました。

Masuda's memo

南スーダン共和国　旧スーダンの南部10州からなる。南スーダンの初代大統領には自治政府のトップだったサルバ・キールが就任。

しかし今度は南スーダンが、２０１３年、２０１６年と石油の利権や政府の主導権を巡って内戦状態に陥り、ようやく２０２０年には暫定統一政府が成立しました。２０２４年12月に行われる総選挙に向けて、南スーダンの職員が来日し、日本の選挙について研修を受けるなど、準備が進められています。

内戦で国内外に避難している人はおよそ４６０万人。国内の情勢が不安定ななか、今度こそ民主化を成功させてほしいです。

## 【ナイジェリア】

15世紀にはポルトガルの支配を受け、人々が連れ去られ奴隷とされたことから沿岸部が「奴隷海岸」とまで呼ばれたナイジェリアは、19世紀末にイギリスの植民地となり、１９１４年からイギリス領となりました。

第二次世界大戦後の１９６０年に独立を果たしましたが、この地域には実に２５０以上の民族が住んでおり、中でも3大民族と言われるヨルバ族、ハウサ族、イボ族が60％近くを占めています。しかもヨルバ族、イボ族はキリスト教徒が多いのですが、ハウサ族はイスラム教徒が多く、政権はハウサ族が持ったものの、石油産出地帯はイボ族が持っているというねじれ構造を抱えたままの独立でした。

その３大民族の１つであるイボ族が１９６７年にナイジェリア国内で「ビアフラ共和国」の

分離独立を宣言します。しかし、中央政府を仕切るハウサ族がこれを認めず、激しい内戦に発展。さらには各陣営に、各国の思惑から支援の手が伸びてきました。ハウサ族側にはイギリスとソ連、そしてイボ族側にはフランスと中国という、東西の冷戦構造を超えた対立が持ち込まれることになってしまったのです。

内戦自体は1970年にビアフラ共和国側の敗北で終結しましたが、戦闘や飢饉で200万人から300万人もの犠牲者を出すことになったのです。

その後も政情は不安定で、1980年代には2回のクーデターを経験。2000年以降には北部の州のみイスラム主義による統治を行ったり、**2010年代に入ってからはイスラム系の過激派組織ボコ＝ハラムがテロや襲撃を繰り返したりしています。ビアフラ共和国独立派もまだまだ勢力を保っているなど、不安が尽きません。**

## 【アフリカと投資】

これ以外にもまだまだ紛争の火種を抱えているアフリカですが、一方で「グローバル経済の最後の成長フロンティア」と見て、各国がビジネスを展開しようと熱い視線を送っています。

アフリカ諸国の経済成長の一因として、世界各国からの活発な投資が挙げられるのはこのためです。

日本は戦後、アフリカへの投資は長らくODA（政府開発援助）が多くを占めていましたが、2000年頃を境に直接投資へと切り替わっています。しかし2010年代後半からは投資額

Masuda's memo

成長フロンティア　アフリカ全体の経済成長率は、3％を超えており（2023年、推定値）、世界経済全体の成長率を上回っている。

が減少傾向となり、8000億円程度。これは欧米各国や中国と比べると「桁が一つ少ない」額です。

**見逃せないのは、中国からアフリカ諸国への投資が突出していることです。**

中国は「一帯一路」の一環としてアフリカに巨額の投資を行っており、インフラ整備や技術移転、農業振興などでアフリカでの存在感を高めています。

国境を越えて影響力を強める中国。外交や経済関係が深まること、それ自体を批判することはできませんが、こうした経済的結びつきが、国連などにおいてアフリカ諸国の「中国寄りの判断」を促す効果をもっていることも確かです。

## 【ロシアの台頭】

サハラ砂漠の南側、アフリカ西部サヘル地域にある国々で、近年軍によるクーデターが相次いでいます。この地域にあるマリ、ブルキナファソ、ニジェールは、隣り合った国々で、かつてフランスの植民地でした。2020年にマリで、2022年にブルキナファソ、2023年にはニジェールでクーデターが起き、まるでドミノ倒しだと言われたほどです。この地域では、イスラム過激派の活動が活発で、テロとの戦いの主戦場の1つと言われています。

そのテロ対策としてフランス軍が駐留してきました。しかし、クーデター後は、「フランス倒れろ」「プーチン万歳」といったプラカードを掲げた国民が大騒ぎ。デモの参加者の中にはロシアの国旗を掲げている人までいました。これまでのフランスによる植民地支配の名残やなくならない人種差別に反発した形です。

実際にマリからフランス軍が撤収したあとには、ロシアの軍事顧問団がマリに入り、民間軍事会社ワグネルの戦闘員も送り込まれています。国民も、民主的に選ばれた政府より、軍の方が頼りになると歓迎ムードです。日本ではあまり報道されてきませんでしたが、サハラ砂漠一帯は、イスラム過激派の軍事訓練の場となっていて、テロ対策が必然です。２０１３年にアルジェリアの天然ガス施設が襲撃され、日本人10人を含む40人が犠牲になりました。このときのテロ組織も最新鋭の武器を手にサハラ砂漠で自由に軍事訓練を行っていたといいます。

加えてこの地域は、気候変動の影響を大きく受けていて、ホットスポットと呼ばれる地域です。経済的にも環境面でも人々の生活は苦しい状況におかれています。

**かつて欧米に植民地化されたアフリカ諸国で、存在感を増す中国やロシアの動向がどこまで国際社会に影響してくるのか。テロとの戦いという意味でも、現地の人々の暮らしを助けるためにも、国際社会は関心をもち続ける必要があります。**

# アフリカ大陸で存在感を増す中国

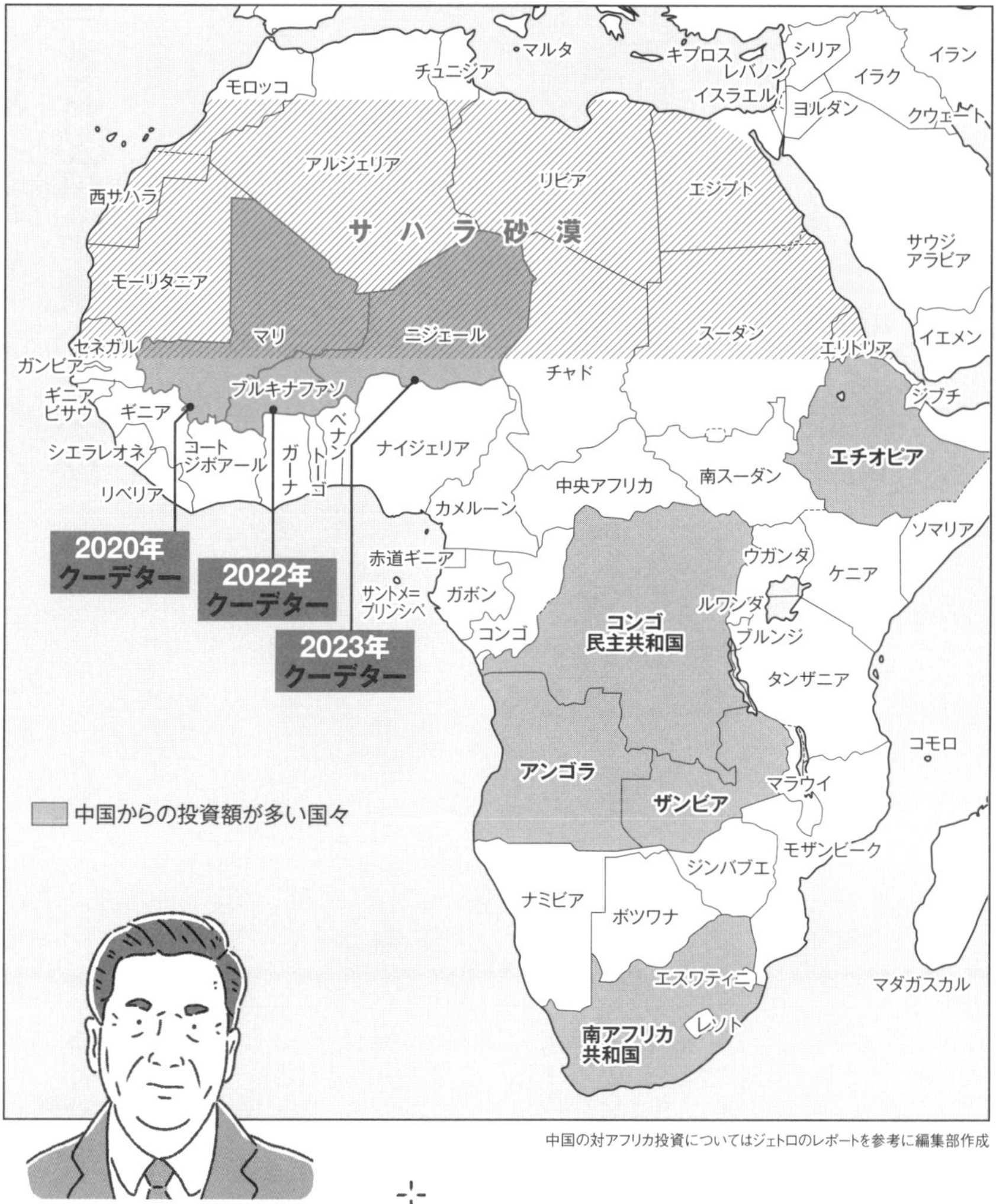


中国の対アフリカ投資についてはジェトロのレポートを参考に編集部作成

# イギリスやフランスに振り回された中東の国々

中東と言うと、テロの多発する危険地域だという印象をもつ人も多いかも知れません。また、中東全域を「アラブ」、つまりアラビア語を話すイスラム教徒の人々が住んでいるものと認識している人もいるのではないでしょうか。しかし実際には、ペルシア語やトルコ語、その他の言語を話す「非アラブ」地域や、同じイスラム教でもスンニ派とシーア派をはじめ、様々な宗派が存在しているのが中東地域の実態です。

**テロ多発など地域の不安定化の理由も国境にあります。その地で生活する人々に対する丁寧で実態に即した理解をしないまま、他所の人が勝手に国境線を引いたことで、民族や宗派によって棲《す》み分けが必要な部分と国境線がずれてしまったことにより、現在に至る紛争や内戦を生じさせているのです。**CHAPTER1でオスマン帝国に触れましたが、600年にわたる栄華を誇っていたオスマン帝国が揺らぎ始めたのは第一次世界大戦の頃。オスマン帝国自体の弱体化の影響もありますが、大きな理由は統治を受けていた地域の人々の中から、自らのアイデンティティを自覚し、独立を訴える勢力が領域内で増えてきたからです。

オスマン領シリアはその1つで、独立を求めて反乱を起こしました。シリアは1918年に

Masuda's memo

イスラム教の宗派　ムハンマドの教えにならうスンニ派はイスラム教徒のうち90%近くを占める。誰を正統な指導者と認めるかで分派したのがシーア派。

独立しますが、1920年にはフランスの委任統治領となります。なぜこうなったのか。実はオスマン帝国の弱体化を狙ったイギリスが、アラブ人には「オスマン領で国家を建設できる」と約束し、シリアを支援しながら、一方ではフランスとは「オスマン領を山分けしよう」と言って手を握っていたからです。そのため、シリアは完全には独立できなかったのです。

これがイギリス、フランス、ロシアの間で1916年に秘密裏に結ばれた、悪名高きサイクス＝ピコ協定です。この秘密協定は1917年にロシアで革命が起きたことで、「帝国主義の密約」として暴露されるに至りました。第二次世界大戦後の1946年にシリアはようやく本当の独立を果たしますが、この間、フランスは自身に反発の矛先が向かないように宗教対立や民族対立を煽《あお》っており、これが現在にまで至る国内の対立の火種になってしまいました。

フランスのやり口も問題ですが、その大本の原因を作ったのはイギリスです。イギリスは「アラビアのロレンス」として知られる工作員を中東に派遣し、アラブの人々を説得して「オスマン帝国が倒れれば自分たちの国を作れるぞ。イギリスはそれを支援する」と言って回り、各部族の反乱を煽っていたことでも知られています。後で扱うイスラエルとパレスチナの問題も、このときのイギリスの「誘い文句」が原因です。**アラブの人たちは、「イギリスが自分たちの好きなように国家を建設し、中東地域をアラブ人のものにすることを認めた」と考えて民族運動を展開したのですが、のちにイスラエル建国を許されるユダヤ人にも、「自分の国を作っていい」と甘い言葉をささやいていたからです。**



Masuda's memo
アラビアのロレンス　実在のイギリス陸軍将校トマス・エドワード・ロレンスがアラブ人の独立闘争を支持し、のちに映画化された。実に4時間の超大作。

しかも悪いことに、第一次世界大戦頃から、先進国では戦争や工業製品の製造のために、石油エネルギーを必要とする時代に突入していました。中東では20世紀初頭に石油が採れることはわかっていたものの、当時はまだその価値がわかっていなかったのです。そのため、中東諸国は西洋諸国に石油開発利権を押さえられてしまいます。

それでも第一次世界大戦以降から、中東では各国が独立を宣言。第二次世界大戦以降はさらに多くの国が独立しますが、部族ごとにまとまったところに線を引いて国境としたものの、完全にはうまくいかなかったのです。

## イスラム教にもたくさんの宗派がある

| スンニ派 | シーア派 |
|---|---|
| どんな考えの宗派? | |
| 預言者ムハンマドの残した言葉や行動、慣行(スンナ)に従う | 預言者ムハンマドのいとこ・アリーの血統を重視する |
| 人口はどれくらい? | |
| イスラム教徒の約9割を占める | イスラム教徒の約1割と少数派だが、イランでは9割、イラクでは6割を占める |
| どの国に多くいるの? | |
| 中東・アフリカ・アジアに広くいる | シリアではスンニ派が7割だが政権で実権を握っているのはシーア派に近いアラウィ派 |

## イギリスの3枚舌外交

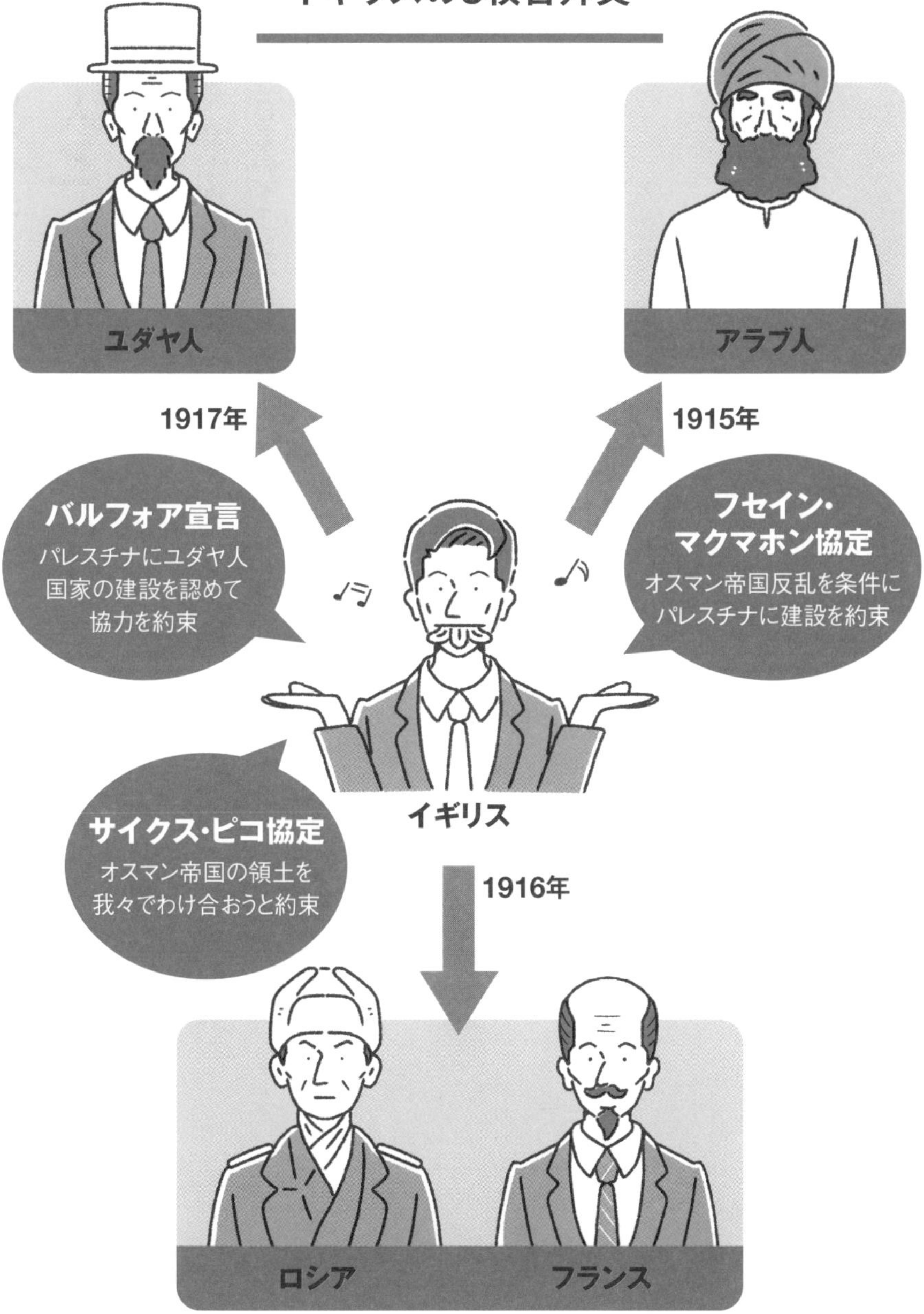
ユダヤ人
アラブ人
1917年
1915年
バルフォア宣言
パレスチナにユダヤ人国家の建設を認めて協力を約束
フセイン・マクマホン協定
オスマン帝国反乱を条件にパレスチナに建設を約束
イギリス
サイクス・ピコ協定
オスマン帝国の領土を我々でわけ合おうと約束
1916年
ロシア
フランス

# イランとイラクの争いにクルド人とトルコの問題が絡んでくると…

**異民族同士、国は分かれたものの、隣り合っていることで戦争に至ったケースもあります。それが1980年のイラン・イラク戦争です。イランはペルシア語を話すペルシア人の国、イラクはアラビア語を話すアラブ人の国ですが、1979年、それまでアメリカに親和的だった王家が打倒されるイラン革命が起こり、事態は急変します。**

イランはイスラム教シーア派のホメイニ師が率いる宗教国家になりました。しかし、独裁的な政権を運営していた当時のフセイン大統領率いるイラクはこの余波が自国に及ぶことを恐れ、イランに侵攻したのです。親米だったイランにはアメリカの武器も多くありましたが、革命を起こしたイランをアメリカは支持せず、フセイン率いるイラクを支援。この時、イラン国内のクルド人が激しく抵抗したことに手を焼いたイラクが、猛毒のマスタードガスやサリンなどの化学兵器を使うに及び国際問題にもなりました。しかしそれにもかかわらずイラクはイランに勝つことができませんでした。1988年に停戦しましたが、双方ともに多数の死者が出ました。イラク国内にもクルド人が住んでおり、独立闘争を起こすもフセイン政権が徹底的に弾圧するなど、民族を巡る問題も見え隠れしています。

こうした中東の民族問題、特にクルド人については、日本も他人ごとではありません。

Masuda's memo

クルド人問題 国を持たないクルド人は世界各地に移住しており、日本も例外ではない。トルコは国内のクルド人武装勢力PKK(クルド労働者党)をテロ組織認定しているが、国連は認めていない。

現在、日本にも多くのクルド人が難民認定を求めてきています。クルド人はイスラム系の民族で、トルコやイラクを始め中東の各国に3000万人を超える人々が住んでいますが、独立運動やサイクス＝ピコ協定などによる国境線の画定時に、独立した国を得ることはできず、クルディスタンという居住区が作られただけでした。

クルド人の約半数はトルコに住んでいますが、イラン、イラク、シリアなどの山岳地帯に住んでいるクルド人は少数民族の立場にあります。イラクでも迫害され、トルコでも政府が近年まで「単一民族主義」を採用したため、クルド語は禁じられていました。しかしこれによって、かえってクルド人のアイデンティティが刺激されることになり、独立運動が活発になります。

これまでに、クルド人のゲリラ部隊とトルコ政府との間で内紛が起き、さらに自国内にクルド人自治区を持つイラクもこれに武力で加勢しようとしたところをアメリカに制される一幕もありました。

現在、トルコではクルド人勢力が支持する政党や議員が国会で議席を得るなどしていますが、これはEU加盟を希望しているトルコに対し、「人権問題を解消しなければ加盟は認められない」とEU側が待ったをかけたからで、表向きはクルド人に対する弾圧は弱まっている印象です。ただし、2023年にはトルコのエルドアン大統領が「EU加盟を40年も待たされた。もう限界だ」と言い出しており、**仮にトルコがEU入りを諦めれば、再びクルド人に対する圧力は強まる可能性もあります。**

# 南米に多い公用語は大航海時代の名残り

南米大陸の国々の公用語が、おおむねポルトガル語圏とスペイン語圏に分かれているのを不思議に思ったことはありませんか？

これは15世紀から17世紀にかけての大航海時代に、南米大陸の国々がポルトガルとスペインの植民地となり、先住民が住んでいる土地を勝手に分割して統治したことに始まります。そして勝手に分割したその境が、ほぼそのまま現在の国境となっています。

アメリカ大陸にヨーロッパ人として最初に到達したのは、一般にイタリア人のコロンブスであるとされていますが、コロンブスはスペインの支援を受けて航海に出て、この大きな大陸に到達。まずスペインはカリブ海の島々を植民地化し、その後、現在のメキシコなどの中米や、チリ、アルゼンチンにあたる南米へと影響力を拡大していきました。

一方のポルトガルは、これから目指そうとしている南米大陸の利権がすべてスペインに奪われてしまうことを危惧します。そこでスペインとポルトガルは１４９４年、ローマ教皇の仲介でトルデシリャス条約を結び、「西経46度37分を分界線とし、そこから東で新たに発見された地はポルトガルに、西の地はスペインに権利が与えられる」という合意を交わしました。もち

Masuda's memo

トルデシリャス条約 1494年にポルトガルとスペインの間で定められた海外領土分割条約。前年に定めた植民地分界線（教皇子午線）を修正。

**ろん南米大陸に住んでいた先住民たちの意向は全く無視、勝手に結んだ合意です。**

そして1500年（1499年とも）、ポルトガルは東回りの航路からブラジルを「発見」し、植民地化を進めていきます。しかし今見てもわかるようにブラジルの国境はトルデシリャス条約で定められた位置よりもずっと西にせり出しています。これはポルトガルがブラジルの奥地に金やダイヤモンドを発見したためで、取り決めを破って西へ西へと進出していったことに由来します。

さらにポルトガルはブラジルでサトウキビ栽培のための大規模農園を開拓しますが、そこで働く人手を補う手段として、西アフリカから黒人奴隷を連れてきます。今もブラジルにアフリカ系の人々が多い（ムラートと呼ばれる白人と黒人両方にルーツを持つ人々が約40％、黒人が6％程度）のはそのためです。

南米大陸にはスペイン、ポルトガルだけではなく、イギリス、オランダ、フランスも進出してきます。イギリスはカリブ海の島々のうち、ドミニカやグレナダ、トリニダード・トバゴなどを支配。オランダは現在のスリナムにあたる地域を、フランスはハイチやギアナを支配し、現在も「仏領ギアナ」は南米唯一の非独立地域・フランスの海外県として残っています。

イギリスが支配していたガイアナ、オランダが支配していたスリナム、そして今もフランス領であるギアナが存在するこの地域では長期にわたり植民地を巡る争いが絶えませんでした。そのため1814年のパリ条約で3国による分割が決まったのですが、これも結局は他所の人が勝手に決めた国境です。そのため、南米の国々は隣接した地域ですが、使われている言語も英語、オランダ語、フランス語と異なっているのです。

**南米諸国が次々に独立を宣言するのは1800年代以降のこと。初めて独立を宣言したのはスペイン領だったパラグアイで、1811年のことです。ところが1864年から1870年までのパラグアイ戦争で領土の4分の1を失い、成人男性の90%が命を落とします。**

なぜこれほど凄惨な事態になったのか。この戦争は、ウルグアイで起きた内紛に対して、両隣にあるブラジルとアルゼンチンが反政府勢力を支援。ウルグアイ政府がパラグアイに助けを求めたため、パラグアイはブラジルに宣戦布告したことで戦争が始まりました。その後、パラグアイはアルゼンチンとも戦うことになったうえ、ウルグアイでは反政府勢力が政権を取った結果、なんとパラグアイはブラジル・アルゼンチン・ウルグアイと戦う羽目に陥ったのです。これでは勝ち目はありません。

当時のブラジルは1822年に独立を宣言し「ブラジル帝国」を名乗る立憲君主制でした。1889年に革命が起き、共和国へ移行した後の1908年から、多くの日本人が移住し始めます。国境を越えてブラジルを目指したのは、日本では貧しいのに人口が爆発的に増えており、農村で労働力が余るようになったからです。

Masuda's memo

ブラジル日系移民　ブラジルの日系人が多く住んでいるのがサンパウロで、日本人街も。この地区は「リベルダーデ」と呼ばれ、近年は東洋人街化している。

一方のブラジルでは共和国となったのち、ポルトガルの植民地時代から行っていた、アフリカから黒人奴隷を連れてくる制度をやめて人手が足りなくなっていました。

人手が余っている日本と、人手が足りないブラジル。双方の利害関係が一致したため、日本人移民の多くが、当初はコーヒー農園へ送られました。しかし労働の厳しさや、風呂がない、言葉が通じないという境遇のためにかなりの人たちが多大な苦労をしたようです。1908年の移住開始から100年の間に移民は26万人を数え、現在、ブラジルには200万人とも言われる日系人が生活しています。

## 中南米の国の公用語はスペイン語が大半!

### スペイン語が公用語

- アルゼンチン
- ウルグアイ
- エクアドル
- エルサルバドル
- キューバ
- グアテマラ
- コスタリカ
- コロンビア
- チリ
- パラグアイ
- ベネズエラ
- ペルー
- ボリビア

### ポルトガル語が公用語

- ブラジル

### フランス語が公用語

- フランス領ギアナ
- ハイチ

### オランダ語が公用語

- スリナム

### 英語が公用語

- ガイアナ
- グレナダ
- ジャマイカ

中南米の主な国を紹介。
公用語を複数もつ国もある。

# 宗主国が決めた境界以外にも存在する南米の国境問題

さて、基本的には宗主国が勝手に決めた植民地時代の境界線を使っている南米各国ですが、国境問題が全く存在しないわけではありません。CHAPTER2のチリ－アルゼンチンの国境問題で扱ったビーグル海峡問題の他にも、いくつかの国境問題が存在しています。

**1つはエセキボ地域（グアヤナエセキバ）問題です。**ガイアナ、スリナム、仏領ギアナ地域については先にも触れましたが、このうちのガイアナと、隣国ベネズエラの間にはエセキボ地域を巡る国境問題が存在します。現在はガイアナの国境内にあり、エセキボ地域はガイアナの面積の3分の2を占める広大な地域です。この地域を巡る争いは、ベネズエラを統治していたスペインと、ガイアナを統治していたイギリスとの間にも存在していました。**ベネズエラは、1819年にまずはグランコロンビア共和国として独立後、1830年に分離独立。ガイアナが1966年に独立した際に両国は協定を結び、エセキボ地域の行政権と支配権はガイアナが持つものの、ベネズエラが領有権を主張する複雑な事態になってしまいました。**

もう1つはコロンビアとベネズエラ間の国境問題です。ただし、国境線を争っているのではなく、国境を隣り合っていながら国交断絶にまで至るほど関係が悪化していたため、2022

Masuda's memo

ガイアナ情勢　2023年12月、ベネズエラがガイアナの領土の7割を自国領とする国民投票で多数を得、ガイアナの油田採掘の許可を勝手に出すなど、領土と資源を巡る争いが激化している。

年9月まで、国境が封鎖されていた、という問題です。直接的な経緯は、2019年にさかのぼります。当時のコロンビアのイバン・ドゥケ大統領がベネズエラ大統領選の結果を認めなかったことが原因で、この年からコロンビアとベネズエラは国交断絶状態に。実際にベネズエラにはニコラス・マドゥーロ大統領だけでなく、ファン・グアイド氏も暫定大統領として就任を宣言しており、ベネズエラには2人の大統領が並立して存在していることになっていました。

もともと、両国間にはいさかいがあり、天文学的なハイパーインフレによって経済破綻に陥っていたベネズエラからは数百万とも言われる人々が周辺国に流出し、コロンビアにも多くの難民が流入してきていました。こうした責任を負うはずのマドゥーロ大統領は、2013年の就任以降、独裁色の強い政権運営をしていたため、2018年の大統領選の結果を周辺国は承認していなかったのです。コロンビアのドゥケ大統領も同様でした。

2015年から国境間のトラック輸送が1か所に制限されていたのですが、この大統領選を巡るごたごたで2000キロメートルにも及ぶ国境のすべてが封鎖される事態になりました。2022年8月にコロンビアでグスタボ・ペトロ氏が大統領に就任したことで3年ぶりに国交が回復。ようやく両国を結ぶ橋の1か所も開通することになり、ひとまずは物流も人も行き来できるようになりましたが、2023年12月にガイアナとベネズエラ間の国境紛争が激化。豊富な石油資源を擁するエセキボ地域の領有を巡る争いが噴出しています。

# 日本の統治に続き、中国との関係悪化。台湾の難しい歴史

**観光地としても人気が高く、親日的なことでも知られる台湾ですが、1945年まで「日本」の一部だったことを知っている人はどのくらいいるのでしょうか。さらにさかのぼって、1600年代にはオランダが一時台湾を統治していたことを知る人は、より少ないのではないかと思います。現在、中国との間で「台湾は中国の一部なのか、それとも別の国なのか」を巡って様々な議論があり、中国が武力で台湾を統一するのではないか、と台湾有事の危機感も高まっています。**

自分たちが認め、自分たちの仲間から出てきた統治者ではない、他所からやってきた人々によって勝手に帰属先を変えられてきた台湾の歴史を見ながら、〝国境〟のあり方について見てみましょう。

オランダの東インド会社が台湾島南部を制圧した1624年以降、台湾ではオランダの統治が始まります。しかし1661年、漢民族の鄭成功《ていせいこう》がオランダを駆逐し、その後に清朝の統治が始まったとされるのですが、ここには実は議論があります。清朝は長く台湾を「化外《けがい》の地」、つまり「文明の外の地」であるとして軽視していたために、統治にも積極的ではなかったのです。

Masuda's memo

台湾の別名　台湾の別名・フォルモサはポルトガル語で「美しい」の意。1544年、台湾島を見たポルトガル人船員がそう声をあげたことに由来。

もちろん大陸から移り住んだ人たちも大勢いましたが、台湾全域を統治することはなく、台湾の先住民たちが各々の暮らしを続けていました。ちなみに台湾には現在もパイワン族やタイヤル族など、全人口の２％にあたる14の少数民族が暮らしています。

１８９５年、日清戦争に勝利した日本が下関条約によって台湾を清から割譲されます。そして第二次世界大戦終結までの50年間、台湾は日本の統治下におかれることになります。

日本による台湾統治では、台湾にダムを建設した八田與一《はったよいち》氏がよく知られるように、インフラ整備が行われました。今でも台湾総統府は日本統治時代に建てられた建物をそのまま使っています。また、日本語教育や台湾大学の設立など教育も整備されました。

一方で、台湾の人々が日本名を名乗ることや日本軍に入隊することも進められていました。戦後、台湾の総統となり「民主化の父」と呼ばれることになる李登輝《りとうき》氏も、岩里政男《いわさとまさお》という日本名を持ち、京都帝国大学在学中に学徒出陣で日本軍に入隊しています。台湾の人々にとって日本統治の50年は、光と影の両面があり、複雑な思いを抱かざるを得ない時代だったのです。

１９４５年に日本が敗戦すると、日本は台湾を中華民国政府に返還することになります。つまり、大陸の中国政府に返すことになったのです。

「それなら今の台湾は、やっぱり中国の一部なのではないか」と思うかもしれませんが、ことはそう単純ではありません。

中国大陸では第二次世界大戦中も様々な勢力が主導権争いを展開していました。なかでも強大だったのが、毛沢東《もうたくとう》が率いる共産党と、蔣介石《しょうかいせき》が率いる国民党です。両者は１９２７年から１９３７年に第一次国共内戦を、戦後の１９４６年から１９４９年には第二次国共内戦で激しく争いました。一時は中国大陸を侵略していた日本と戦うために共同戦線を張っていたのですが、共通の敵がいなくなると再び戦い始めたのです。

戦いで劣勢に置かれた国民党勢力は、大陸から台湾に逃れて再起を図ろうと考えました。このとき台湾にやってきた漢民族が「外省人」、それ以前から台湾にいた民族を「本省人」と呼びます。日本が去って、ようやく自分たちの国づくりができると考えていた本省人を押さえつける形で外省人による統治を始めたため、両者の間には対立が生じます。

蔣介石率いる国民党は、台湾を支配下に置きながらも、「大陸の正当な政権は我々中華民国である」と主張しました。実際、第二次世界大戦終結後も、しばらくは「中華民国政府」が大戦の戦勝国として国連の常任理事国に名を連ねていたのです。

**１９４９年、大陸では中華人民共和国が成立します。つまり現在の中国につながる政権が共産主義を掲げて建国したのですが、これで事態はさらにややこしくなりました。大陸中国と台湾の中華民国の間で、「どちらが中国政府の正当な継承者か」で争うことになってしまったからです。**

Masuda's memo

**外省人と本省人** 外省人は割合では14％（本省人は84％、少数民族2％）と少数ながら、国民党政権下で権力を握り、本省人＋少数民族に対する圧政を敷いてきた。

## 台湾の歴史

| | |
|---|---|
| 1624年 | オランダの支配をうける |
| 1661年 | 鄭成功、台湾からオランダを追放 |
| 1683年 | 鄭成功、政権が崩壊 |
| 1684年 | 清国の領土となり、福建省台湾府になる |
| 1895年 | 下関条約の締結により、日本に割譲され日本の植民地に |
| 1912年 | 中華民国が建国される |
| 1945年 | 第二次世界大戦終了、日本から台湾が中華民国に復帰 |
| 1946年～1949年 | 中国大陸で内戦 |
| 1949年 | 毛沢東が現在の中国・中華人民共和国を建国<br>敗れた蒋介石率いる国民党の中華民国が台湾に |
| 1971年 | 国連が中華人民共和国を中国の代表と承認 |
| 1972年 | 日本が中華人民共和国と国交正常化 |

# 「台湾有事」の流れが懸念される現在の情勢

ここに現在の台湾の立場が大きくかかわってきます。つまり、台湾は大陸中国の一部なのか、そうではないのかという問題です。現在は中国が台湾に対して「祖国の一部であり、統一しなければならない」と述べています。これが「台湾有事」につながるのではないかと危惧されているのですが、一方の台湾も、ある時期までは国民党政府が「上陸作戦等によって、大陸の政権に返り咲く」ことを企図していました。

しかし台湾は厳しい立場に追い込まれていきます。1972年、アメリカのニクソン政権が「電撃的」と言われる訪中を行い、大陸中国の政権との間で国交を回復したからです。

これにより、正当な継承者は大陸の中国共産党であると国際社会が判断し、台湾（中華民国）ではなく中華人民共和国が国連の常任理事国となります。アメリカだけでなく、それまで台湾の中華民国政府と国交を持っていた国々が次々に国交を断絶し、共産党政権が率いる中国と国交を結ぶことになりました。

日本にとっても、このニクソン訪中は衝撃でした。アメリカは冷戦下で台湾を「アジアにおける民主主義の要」であるとして軍事的な支援も行っていたからです。

しかし**日本も国際社会の流れに沿う形で、それまで結んでいた台湾との国交を断絶し、19**

Masuda's memo

**ニクソン訪中** 日本には事前に一切知らされず訪中決定後の事後報告だった。この「ニクソン・ショック」は日本外務省のトラウマになったという。

**72年に中国との国交を正常化させ、日中共同声明に次のような文章を盛り込んだのです。**

〈日本国政府は、中華人民共和国政府が中国の唯一の合法政府であることを承認する〉

〈中華人民共和国政府は、台湾が中華人民共和国の領土の不可分の一部であることを重ねて表明する。日本政府は、この中華人民共和国政府の立場を十分理解し、尊重し…〉

**つまり、日本は「中華人民共和国こそが中国政府の正統な継承者であり、『中国』を代表するものである」と認める一方で、台湾については「台湾は中国の一部」とする主張を「理解し、尊重する」と述べるにとどまっているのです。**

一方の台湾は多くの国から次々に国交を断絶されながらも、1996年に国民党の李登輝総統が総統選挙を行ったことで事実上、「民主化」を遂げており、韓国と並んでアジアを代表する民主社会として知られるようにもなりました。

また、2016年、2020年の総統選挙で民進党の女性候補・蔡英文《さいえいぶん》が勝利し、蔡政権のもとで儒教や家族の在り方についての伝統を重視する傾向の強いアジアで初めて同性婚を認めるなど、先進的な政策も打ち出しています。

さて、今も親日的な世論があり、日本からも多くの旅行客が訪れている台湾ですが、日本との間に領土問題を抱えています。それはCHAPTER3でも触れた尖閣諸島で、「尖閣諸島は台湾に付属している」というのが台湾と中国の主張であり、中国はそのうえで「台湾も中国の領土の一部なのだから、台湾に付属する尖閣諸島も中国の領土である」と主張しているのです。

また、**長く日本が台湾を統治していたにもかかわらず台湾が東日本大震災時に多くの義援金を送ってくれるほど「親日的」なムードがあるのにも、中国との関係を巡る複雑な理由があります。**

第二次世界大戦が終わり、日本が台湾の返還を余儀なくされたのち、大陸からやってきた蒋介石政権は台湾の人々に対して圧政を敷きました。このことは、台湾では「犬が去って、豚が来た」と揶揄《やゆ》されました。犬とは日本人、豚は大陸からやってきた中国人を指し、「犬は獰猛《どうもう》で騒がしいとはいえ、番犬として重宝されるのに対し、豚は食べるだけで何もしない」という意味が込められています。

日本統治時代にも、日本人と台湾人の間で身分の差別はありましたし、台湾人に対して居丈《いたけ》高《だか》な態度を取る日本人も少なくありませんでした。こうした態度が「犬」と表現されたのですが、その後に来た国民党政権、つまり大陸からやってきた人たち（外省人）の態度はそれ以上に目に余る暴力的なものだったため、「日本人にも問題はあったが、外省人よりはましだった」と感じたのです。日本統治時代を懐かしんで日本の童謡を歌う、あるいは今も日本語を話すことのできる台湾の高齢者がいるのは、日本統治時代を積極的に評価するというのではなく、「国民党よりははるかにましだった」という理由も大きいのです。

**歴史に翻弄され、統治者も事実上の国境も変わり続けてきた台湾。台湾有事が懸念される今も目が離せません。**

Masuda's memo

**台湾との尖閣問題** 李登輝総統は退任後、折に触れ「尖閣は日本領」と発言。2015年、訪日した際の記者会見でも「尖閣は日本のもの」と断言している。

# 台湾海峡の地政学リスクは日本にも影響あり

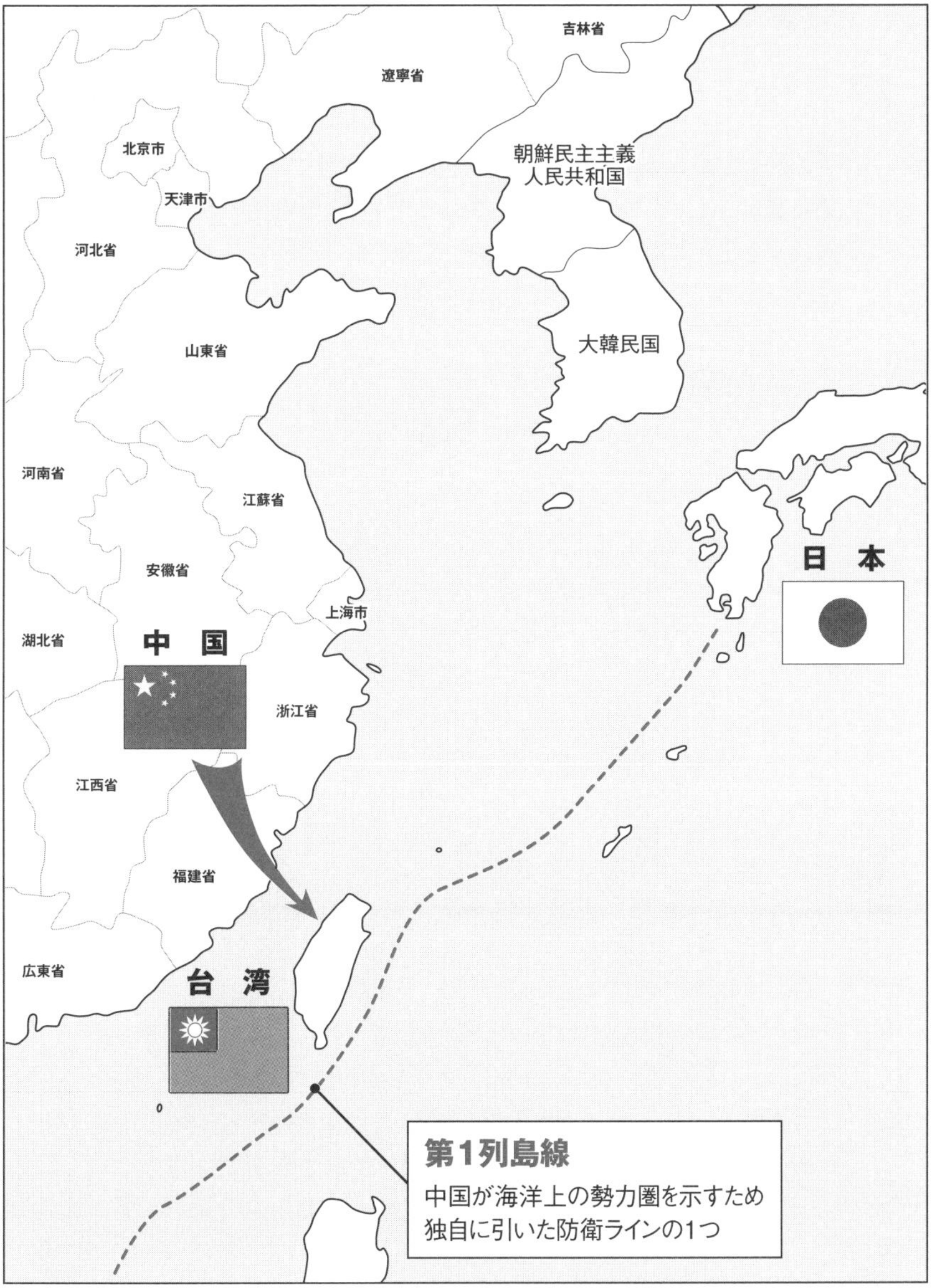

# 池上は、こう読んだ

この章で取り上げているように、アフリカ大陸を見ると、多くの国境が直線になっています。ヨーロッパの連中が、現地の事情などお構いなしに勝手に引いたことがわかります。ルワンダは悲惨な内戦を経験しましたが、殺した側が謝罪し、被害者の遺族がそれを受け入れるという形で国家の再建を果たしました。憎しみの連鎖を遮断。学べる教訓は多いですね。

南スーダンの内戦では、派遣されていた日本の自衛隊が防衛省に報告していた「日報」が「破棄された」と政府は答弁しました。しかし実際には残っていました。**自衛隊員が危険な目にあっていたことを知られたくなかったために「破棄」したことになっていたのです。これでは自衛隊の海外派遣の貴重な経験が継承されません。**

この本の製作中、イスラエルがハマスを殲滅《せんめつ》するためとしてパレスチナ自治区のガザ地区を攻撃。多数の犠牲者が出ています。ユダヤ人もパレスチナ人も、この地に祖国を建設する権利があると信じています。**これを見るにつけ、イギリスの歴史的責任は大きいと感じます。「他所の人が勝手に決めた」ことが、どれだけ悲劇を呼んでいることか。**

CHAPTER

5

# 国境はイデオロギーで決まりました

## 東西冷戦時代から世界を二分した

かつて世界は社会主義・共産主義の国々と
資本主義の国々で冷たい争いを
繰り返していました。
その犠牲になったのは小国ばかりでした。

— BORDER STUDIES —

# 2つのベルリンがあった頃
# 国境を越えた文化のエピソード

『善き人のためのソナタ』というドイツ映画があります。東西に分断されていた時代のドイツを舞台に、東ドイツの諜報員である主人公が反体制的な劇作家の家に仕掛けた盗聴器から聞こえてくる音楽に魅了されてしまう…という筋書きで、2006年に制作されました。

**音楽はイデオロギーを超える。壁も国境も越える。そんな出来事は現実にも存在します。**

1987年、ベルリンの壁が存在していたころ、世界的ミュージシャンだったデヴィッド・ボウイが西ベルリンでコンサートを開きました。スピーカーの4分の1を東ベルリン側に向け、さらに観衆に向かって、「壁の反対側にいる私たちのすべての友人たちに願いを送ります」とドイツ語で述べると、ベルリンの壁に隔てられ、ボウイの姿を見ることもできない東ドイツの5000人とも言われる人々は、その自由へのメッセージと音楽を確かに聴いて、歌声で応えたと言われています。警察が出動し、逮捕者も出る状況だったのですが、これがベルリンの壁によって東西に分断されてしまった人たちの思いを大いに後押しし、このライブから2年後の1989年、ベルリンの壁は崩壊。1990年に東西ドイツは統一されることになりました。

**ベルリンの壁は東西ドイツ分断の象徴になっていました。**そのため、壁崩壊のきっかけとも

Masuda's memo

ベルリンの壁崩壊　ベルリンの壁が打ち壊された際に多くの人がその石片を記念にと持ち去った。小さな石片は土産物として販売。現在も時折オークションに出品される。

いえるライブを開いたデヴィッド・ボウイが2016年に亡くなったときには、ドイツ外務省が「ベルリンの壁の崩壊に力を貸してくれたことに感謝します」とのコメントを発表しています。

**ベルリンの壁崩壊は、1991年のソ連崩壊にも大きな影響を与えました。第二次世界大戦後から続いていた米ソの対立、つまり核戦争さえ危惧された東西冷戦をも終結させたのです。**

ベルリンの壁の崩壊は当時、日本でも大々的に報じられましたし、つるはしやハンマーで壁を壊す人々の映像は今も「歴史の転換点」の象徴としてよく使われています。

一方で、**ベルリンの壁について誤解されていることもあります。それは、確かにベルリンの壁は市民を東西に分断していましたが、ドイツ全体を東ドイツと西ドイツに分ける国境を示すものではなかった、という点です。ベルリンの壁は東ドイツの中に位置する、第二次世界大戦終結時にドイツの首都だったベルリン市内に作られた壁でした。**

ベルリン市の東側を東ベルリンとし、西側とベルリン市の外側を西ベルリンとして囲い込む3メートルを超える壁こそがベルリンの壁であり、ソ連が管理する〝監視国家〟東ドイツの領域内にありながら、この場所だけがアメリカなどが管理する〝自由な〟西ドイツとして扱われることになったのです。だからデヴィッド・ボウイは西ベルリンで自由を口にし、好きな歌を歌うことができたのです。

なぜこんなことになったのか、次項では歴史をさかのぼってみましょう。

# 国境以上に越えることが難しかったベルリンの壁とその崩壊

**第二次世界大戦後、敗戦したドイツは戦勝国であるアメリカ、イギリス、フランス、ソ連の四カ国で統治することになりました。その際、西側を米英仏が、東側をソ連が管理することになります。首都であるベルリンも東西に分けられ、それぞれ西側は英米仏、東側はソ連の管理に置かれることになりました。**

東西ドイツの国境は鉄条網で封鎖されることになりましたが、東西ベルリンの間には当初壁はおろかバリケードもなく、ある程度自由に行き来することができました。

しかしソ連は１９４８年から１９４９年にかけて、ベルリン封鎖と呼ばれる陸路での物流の遮断を行いました。検問所にバリケードを設け、西ドイツからベルリンに入ってくる車両や貨物をすべて検査する、と決めたのです。

これに対抗し、英米仏はベルリン空輸と呼ばれる手法で、西ベルリンに物資を運搬しました。西ベルリンを捨てて撤退するわけにもいかなければ、市民を見捨てるわけにもいかないことから、空から救援物資を届けたのです。

とはいえ、この頃はまだ検問所があるだけでベルリンの壁は存在していません。そのため、

Masuda's memo

ベルリン封鎖　西ドイツ地域の通貨改革に対抗してソ連が占領区域内で行った交通・輸送の全面的な遮断のこと。これにより西ベルリンは完全に孤立してしまった。

市民は東西ベルリンを自由に行き来していたのですが、そのうちに東西に経済格差が生じるようになります。西側は資本主義、東側は社会主義と異なる制度で国家を運営していましたが、資本主義を採用した西側の経済が急成長を遂げる一方、東側の景気はよくなるどころか徐々に悪化していったのです。

こうなると、人々は豊かさを求めて東側から西側へ渡ろうと考えるようになります。なかでもベルリンの場合、自由に行き来できる西ベルリンに渡ればそのまま西ドイツの国民になることができますから、多くの人が東ベルリンから西ベルリンへ亡命し始めたのです。多い時には一日数千人、ベルリン封鎖から10年余りの間に250万人もの人が西側へ渡ったといいます。

**ソ連、東ドイツとしてはこれを黙って見過ごすわけにはいきません。そこで西ベルリンとの間に建設したのが、ベルリンの壁です。まずは東ドイツの国境警備隊がベルリンの舗装道路を壊して石でバリケードを作り、町を横切る有刺鉄線を張りました。そして西ベルリンの周りを取り囲むように、人が乗り越えることのできない、3メートルの高さの壁を作ったのです。当初は鉄線だったものを、その後コンクリートで補強したのが、よく知られているベルリンの壁です。**

こうしてベルリン市の西側部分は、東ドイツと東ベルリンから分離されることになりました。「一夜にして」と言われるくらいの速さでこうした壁を作ったことで、人々の間には大混乱が生じます。突然、家族や親戚、友人にも会えなくなり、生き別れになった親子で、今現在も再会に至っていない人たちは少なくありません。

ベルリンの壁が崩壊したきっかけは、東欧でもいち早く民主化したハンガリーでした。民主的な選挙で選ばれた首相が、ハンガリーの国民が逃げ出さないようにとオーストリアとの国境に電流を通した有刺鉄線があるのは恥ずかしいと考え、鉄線を撤去。

西ドイツに亡命したい東ドイツの人たちはこれに気づき、「観光旅行です」と言ってチェコスロバキア（当時）を経由してハンガリーに入り、障害のなくなったハンガリーの国境線からオーストリアに逃げ込んで、西ドイツ大使館に亡命申請しました。当時、東欧諸国は観光ビザ免除協定を結んでいたからです。驚いた東ドイツ政府はチェコスロバキアとの観光ビザ免除協定を破棄。ハンガリーに行けなくなった東ドイツの人たちが抗議のデモを繰り広げます。

困った東ドイツ政府は「申請すれば出国ビザを取れる」という方針を決めますが、記者発表した新人の報道官が「希望者はいますぐ出国できる」と間違って発表しました。この報道を知った東ベルリン市民が壁に殺到します。勢いに押されて、東ドイツの警備員がベルリンを行き来できる門を開放。大勢の東ベルリン市民が西ベルリンに殺到し、壁が崩壊したのです。

国境ではないものの、国境以上に越えるのが難しく、国境以上にハードルの高かったベルリンの壁。あわや核戦争という東西冷戦の最前線ですから、越えるのはまさに命がけでした。

Masuda's memo
イデオロギー　政治や社会をどのような理想や方向性によって運営していくべきかという思想のこと。時に宗教よりも苛烈な対立を生み出す。

私は2017年にドイツで、16歳の若さでベルリンの壁を越えて西側に亡命したメッシングさんという男性を取材しました。当時、壁はまだ有刺鉄線の時代でしたが、壁の手前には溝が掘られ、防犯用の犬が放たれていたといいます。壁周辺はサーチライトで照らされ、越境者を絶対に許さないという備えになっていました。メッシングさんはこうした監視を逃れるために、嵐の夜中に1人で壁を乗り越えました。見つかったら射殺された人もいた中での、決死の覚悟だったのです。西ドイツで船乗りになったメッシングさんは、日本に寄港した際に出会ったキエ子さんと結婚しました。

ある東ドイツ出身の男性は、ベルリンの壁が崩壊し、行き来が自由になったというテレビのニュースを見て、すぐさま西ベルリンに行ってみたそうです。すると東側とは違って物資が豊かで、バナナを買って帰ったことを強く覚えていると話してくれました。貧しく配給制も敷かれていた東ドイツではバナナを手に入れるのさえままならなかったのです。

2005年から2021年と長きにわたりドイツ首相を務めたアンゲラ・メルケルは、西ドイツのハンブルクで生まれましたが、生後数週間で牧師だった父親の赴任先である東ドイツに移り住み、成長していきました。そのため、ロシア語を話すことができます。ベルリンの壁が崩壊した時には友人とともに検問所へ出向き、西ドイツに足を踏み入れたそうです。この時、西ドイツの人たちが親切にしてくれたことに感激し、自由の価値を知ったといいます。

**事実上の国境だったベルリンの壁は、東西冷戦というイデオロギーの戦いによって構築され、自由への渇望という人々の思いによって崩壊しました。**

統一後のドイツは順調に経済成長し、ＥＵのリーダーとして欧州を牽引しています。それでも１９４５年から１９９０年までの45年間の分断の爪痕は今もドイツに残っていて、東西の経済格差も否めません。旧東側ではロシアに郷愁を抱く人々や、自国第一主義を掲げ、移民排斥をとなえる極右政党ＡｆＤを支持する人も増えています。

**そうした状況のなかでも、東ドイツで育ったメルケル首相がキリスト教に基づくリベラリズムを掲げ、移民政策の推進や反ナチスを打ち出してきたことには、大きな意味と希望があるのではないでしょうか。**

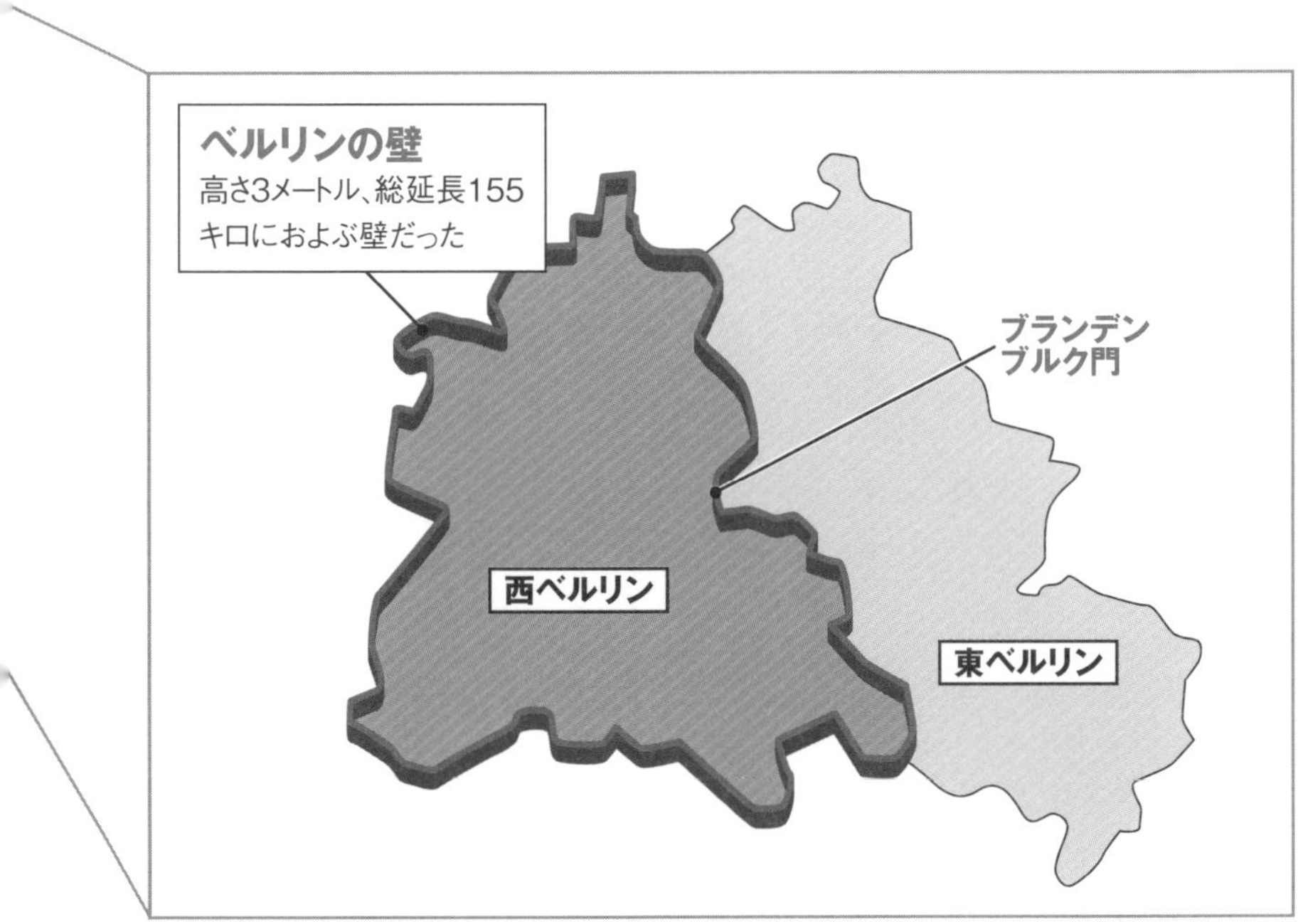

# ベルリンの壁は東ドイツの中にあった

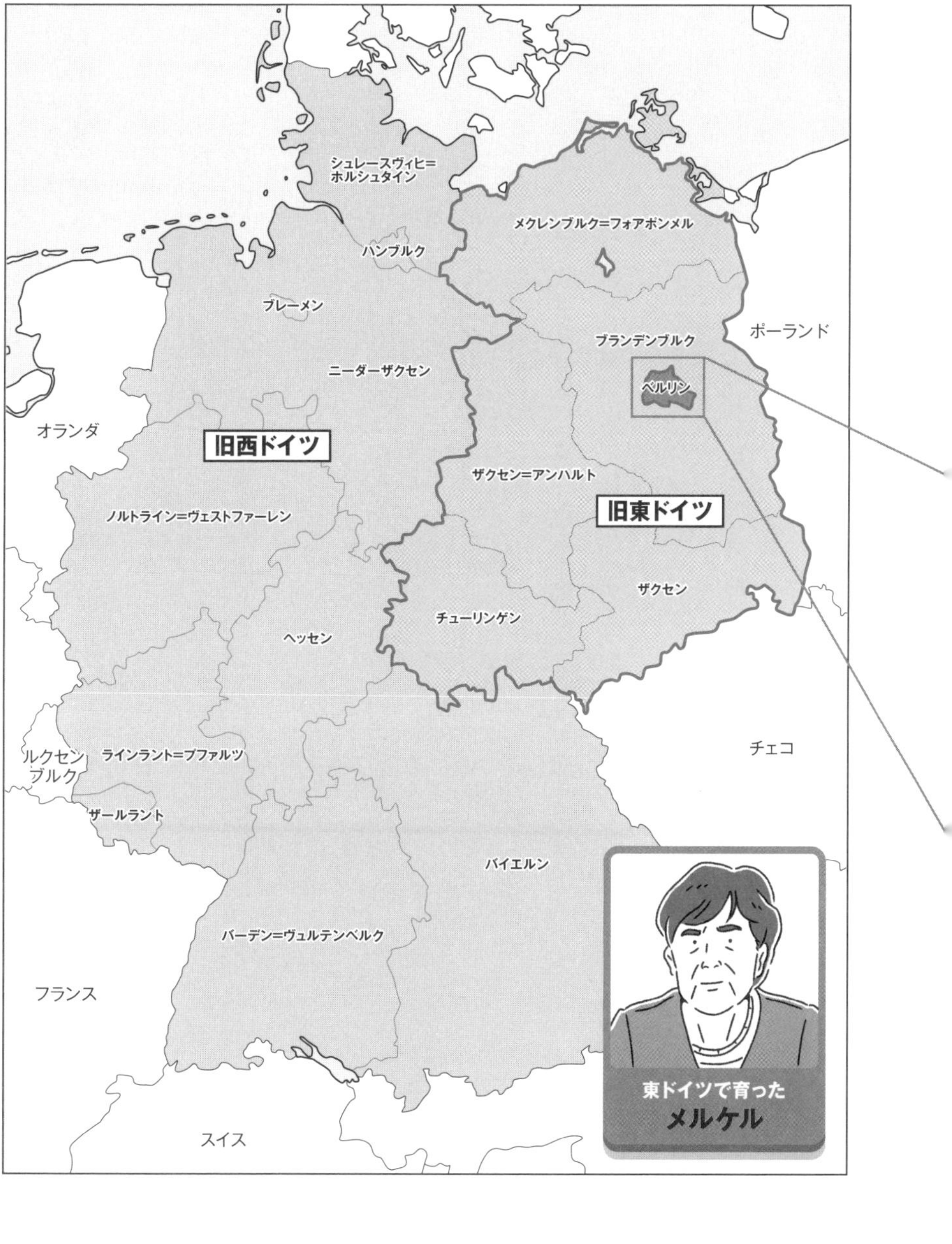
シュレースヴィヒ＝ホルシュタイン
メクレンブルク＝フォアポンメルン
ハンブルク
ブレーメン
ブランデンブルク
ポーランド
ニーダーザクセン
ベルリン
オランダ
旧西ドイツ
ザクセン＝アンハルト
旧東ドイツ
ノルトライン＝ヴェストファーレン
ザクセン
チューリンゲン
ヘッセン
チェコ
ルクセンブルク
ラインラント＝プファルツ
ザールラント
バイエルン
バーデン＝ヴュルテンベルク
フランス
スイス
東ドイツで育った
メルケル

# 社会主義の衰退で大国ソ連が15もの国に分かれて混迷を招いた

**冷戦終結で東西ドイツは統一しましたが、逆に、15の国に分かれたのがソ連です。社会主義というイデオロギーでつなぎとめていた国々が、資本主義に敗北したことで分離してしまったのです。**

世界初の社会主義国家ソビエト連邦はどのように成立し、多くの衛星国を巻き込んで事実上の国境を広げていき、そして崩壊したのでしょうか。

1905年に日露戦争で敗北したロシア帝国は、第一次世界大戦中の1917年、ロシア革命によって帝政が打倒され、さらに臨時政府を転覆させたレーニンにより社会主義思想に基づくソビエト政権が樹立されます。1922年には世界初の社会主義国家・ソビエト連邦が発足し、1924年以降は、レーニンの死後に最高指導者の座に就いたスターリンの独裁体制になりました。

第二次世界大戦後はアメリカと並ぶ超大国となり、互いに核保有国で主義の違う2国が対立することになり、国際社会もアメリカ率いる西側陣営と、ソ連率いる東側陣営に分断されてしまいます。

1953年にスターリンが死去すると、半ば無理やりソ連圏に入れられていた東欧の国々に

Masuda's memo

ロシア革命　この革命により、1613年にミハイル＝ロマノフが皇帝に就いたことから始まったロマノフ王朝が崩壊することとなった。

対する求心力を失い、**1956年にフルシチョフがスターリン批判を行うと、ポーランドとハンガリーでは民主化を求める大規模な反ソ暴動が起こりました。**

1970年以降は、日本も高度経済成長を迎えていたように市場経済を採用する西側諸国がぐんぐんと豊かになっていったにもかかわらず、ソ連はもちろん、東側は経済が停滞し、社会主義的な計画経済の限界が露呈してしまうことになります。

これを何とか立て直そうと、1985年に書記長に就任したゴルバチョフは、ペレストロイカ（改革）を実行し、グラスノスチと呼ばれる情報公開や、西側と敵対するだけではない融和的な外交などを展開します。しかし1989年、ベルリンの壁が崩壊し、年末にマルタ会談で冷戦が終結。1990年にはゴルバチョフが初代のソ連「大統領」となって立て直しを図りますが、翌1991年には辞任することとなり、ソビエト連邦は消滅することになりました。

**連邦内の共和国のうち、11カ国が独立国家共同体（CIS）を創設し、その中心となったロシア連邦がエリツィン大統領によって率いられることになったのです。CISに加盟したのはロシア連邦、ウクライナ、ベラルーシ、アルメニア、アゼルバイジャン、モルドバに加え、中央アジアのウズベキスタン、カザフスタン、キルギス、タジキスタン、トルクメニスタンです。**

なお、ソビエト連邦消滅前に独立を宣言し、ソ連から承認されたのがバルト3国と呼ばれるエストニア・ラトビア・リトアニアです。この3カ国はいずれも現在EU加盟国です。



Masuda's memo

ゴルバチョフ ソ連共産党最後の書記長。就任後、1986年からは「ペレストロイカ」と呼ばれる改革を実行したが保守派のクーデターに遭い失脚。

# 旧ソビエト社会主義共和国連邦の国々

## CIS構成国

アゼルバイジャン
アルメニア
ウズベキスタン
カザフスタン
キルギス
タジキスタン
ベラルーシ
モルドバ
ロシア

**準加盟国**

トルクメニスタン

2023年時点

デンマーク
スウェーデン
ドイツ
ムルマンスク
フィンランド
カリーニン
グラード
エストニア
カレリア共和国
ポーランド
ラトビア
リトアニア
ネネツ自治管区
レニングラード
ベスコフ
ノヴゴロド
アルハンゲリスク
ベラルーシ
トヴェリ
ヴォログダ
コミ共和国
スモレンスク
ヤロスラヴリ
ルー
マニア
ブリャンスク
カルーガ
モスクワ
コストロマ
イヴァノヴォ
ロシア
ウラジーミル
トゥーラ
コミ・ベルミャク
自治管区
モルドバ
ウクライナ
オリョール
ニジニ・ノヴゴロド
キーロフ
クルスク
リャザン
マリ・エル
共和国
リペツク
モルドヴィア
共和国
チュヴァシ
共和国
ウドムルト
共和国
ベルゴロド
タンボフ
ベルミ
ヴォロネジ
ペンザ
タタルスタン
共和国
ウリヤノフスク
スヴェルドロフスク
サラトフ
サマラ
バシコルトスタン
共和国
チュメ
ロストフ
ヴォルゴグラード
クラスノダル
地方
オレンブルク
チェリャ
ビンスク
クルガン
アディゲ
共和国
スタヴロポリ
地方
カルムィク
共和国
カラチャイ・
チェルケス
共和国
カバルダ・
バルカル
共和国
アストラハン
北オセチア
共和国
チェチェン
共和国
イングーシ共和国
トルコ
ジョージア
ダゲスタン
共和国
アルメニア
カザフスタン
アゼル
バイジャン
シリア
ウズベキスタン
イラク
トルクメニスタン
キルギス
イラン
タジキスタン
クウェート
旧ソ連国の15ヵ国
CIS加盟国
アフガニスタン

# 飛び地ができてしまってロシアとポーランドの関係が悪化

**ソ連崩壊で生じたのが「カリーニングラード」というロシアの飛び地です。カリーニングラードは、ポーランドとリトアニアの間にある土地で、距離的にもモスクワから1000キロメートル以上も離れたところにある狭い地域です。**

カリーニングラードは、以前はケーニヒスベルクと呼ばれるドイツ領でした。第二次世界大戦でソ連が占領してソ連領とし、当時のソ連の国家元首カリーニンの名前を取ってカリーニングラードと名付けたのですが、ソ連崩壊後にロシア本土と切り離されてしまいました。

どうしてこんな飛び地が残ってしまったのでしょうか。もともとドイツ領だったこの地は、第二次世界大戦後にソ連の領土となりました。ソ連が〝健在〟なころはリトアニアがソ連領だったので陸続きでしたが、1991年、ソ連崩壊によってリトアニアが独立したことで、ロシア本土と切り離されることになってしまったのです。

ロシア海軍の拠点として西側ににらみを利かせながら、一時はロシアの経済特区にもなったカリーニングラードでしたが、ポーランドとリトアニアがEUに加盟したことで、ロシアから

Masuda's memo

カリーニングラード 1945年のポツダム協定によってソ連の管理下に置かれた後、ボリシェヴィキ指導者ミハイル・カリーニンにちなんで名づけられた。

カリーニングラードに陸路で渡る際には、2国を通過するためのビザが必要になってしまいました。

その後、**ビザが緩和されて事なきを得たカリーニングラードは経済成長を果たしていますが、ポーランドとの国境には鉄条網が張り巡らされています。**

2023年、ポーランド政府が「カリーニングラードという呼称を使うのをやめ、15世紀にポーランドが統治していた時代の呼び名であるクロレビエツに戻す」と発表したため、ロシアはこれを「敵対行為である」と非難。**ロシアとポーランドの関係はロシアによるウクライナ侵攻ですでに悪化していましたが、ますます事態が悪い方向へ向かっています。**

## ロシアの飛び地・カリーニングラード

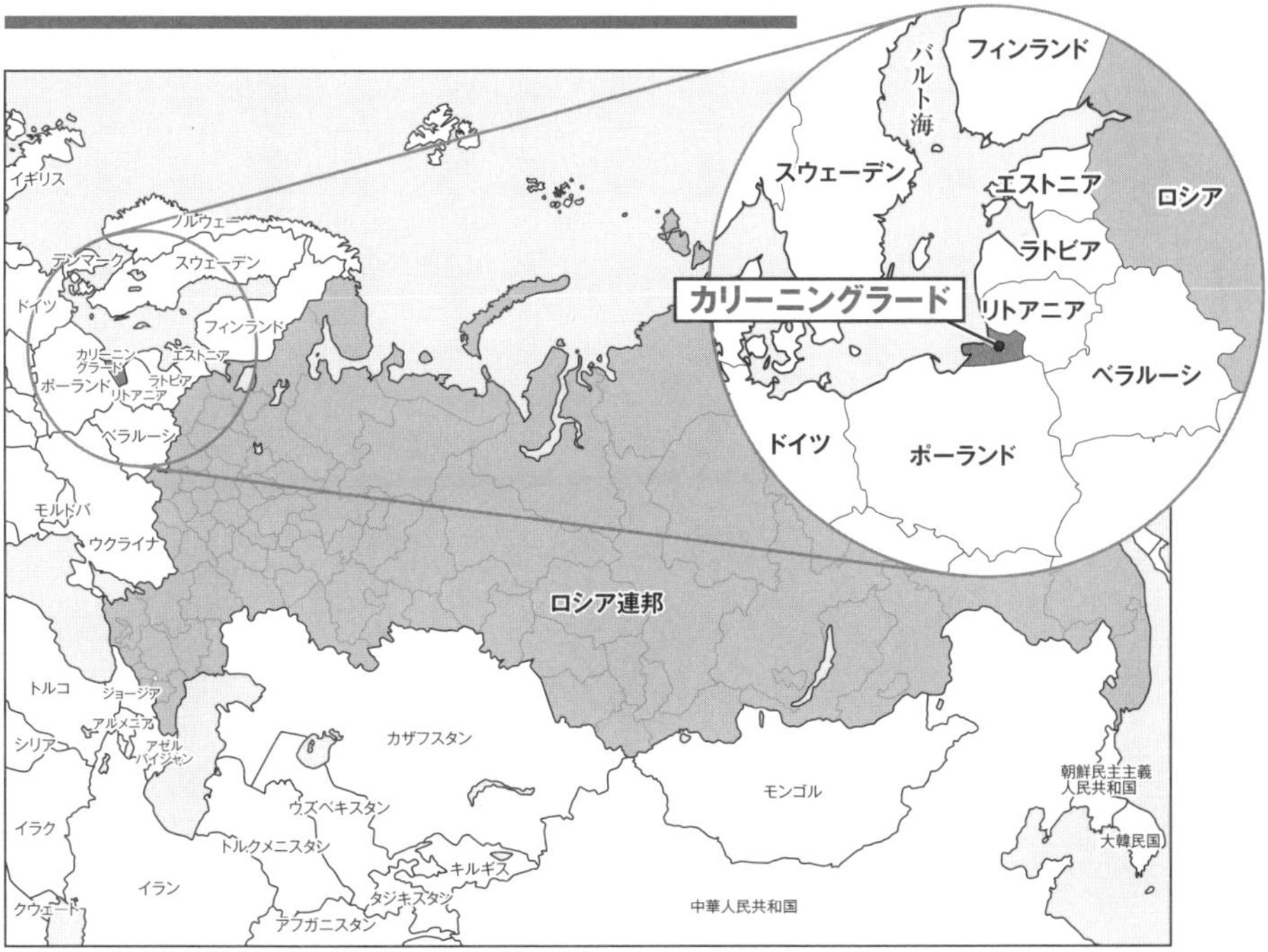

# 延々と続くチェチェン紛争の解決糸口は未だに見えず

独立国家共同体、CIS加盟各国はいずれも大小の民族問題を抱えています。1つはチェチェン紛争です。

ソ連崩壊後すぐの1994年、ロシア連邦北カフカース連邦管区に属する共和国であるチェチェンで、ロシアに反感を抱く独立派と、親ロ派との間で武力衝突が起きました。そしてロシアが独立派を攻撃したことで激しい内戦に発展します。

ロシアとしては他にもさまざまな民族で構成される共和国を抱えていましたから、チェチェンが独立し、ドミノ倒しのように他の地域が続くことを恐れたのでしょう。ロシアは1997年に一度撤退しますが、数万人から10万人という規模の死傷者を出しました。

しかしこの紛争はのちに「第一次チェチェン紛争」と呼ばれることになります。つまり、第一幕にすぎなかったのです。

1999年ごろから、モスクワなどロシアの都市部で爆発事故やテロ事件が続発します。チ

Masuda's memo

**アパート連続爆破事件** モスクワのアパート連続爆破事件はロシアの自作自演であるとする見方も。真相に迫ろうとした政治家や記者もいたが、不審死を遂げた例もある。

ェチェン独立派がテロ組織を結成し、ロシアに対するテロを行っていたのです。日本でもよく知られる2002年のモスクワ劇場占拠事件では人質129人が死亡しました。さらに2004年には北オセチアのベスランで起きた学校の占拠事件によって、やはり人質の380人超が死亡。チェチェンに対する非難が高まります。

しかし一方で、1999年にモスクワ市内で起きたアパート連続爆破事件に関しては、ロシアによる自作自演ではないかという指摘もあります。2000年にはエリツィン大統領に代わってプーチンが大統領の座に就いていましたが、チェチェンの武装グループを「アパート爆破事件を口実に」徹底的に武力で制圧することで、ロシア世論を一気にプーチン人気へとつなげたのではないかと疑われるためです。

2001年9月にアメリカで起きた同時多発テロ以降は、特に「テロ対策」とすれば武力行使も大目に見られるという国際社会の風潮があったことで、チェチェン問題も「独立運動」ではなく「テロ活動」と見なされ、軍事力による制圧が正当化されてしまいました。

**今もチェチェンは独立に至っていませんし、チェチェンの首長にはプーチンの傀儡《かいらい》であるカディロフ（息子、父親もロシアの傀儡として首長を務めたがのちに殺害）が就任しています。**

# 旧ソ連圏の軍事衝突で1つの国境線が消えた

**旧ソ連圏で最近、軍事衝突が起きたのが、ナゴルノ＝カラバフ自治州です。**

元はオスマン帝国領だったカフカース地方が1829年の露土戦争によってロシアに割譲されましたが、1917年のロシア革命後にジョージア、アルメニア、アゼルバイジャンがトランス・コーカサス（ザカフカス）連邦として独立。その後1922年にソ連の一部になります。

そしてソ連が崩壊すると、1991年にジョージア、アルメニア、アゼルバイジャンは独立するのですが、独立以前の1988年からアルメニアとアゼルバイジャンは血みどろの戦いに突入していました。なかでも問題になったのが、アゼルバイジャン領内にありながらアルメニア人が80％と多数を占めるナゴルノ＝カラバフ自治州です。そもそもアゼルバイジャン領内のナゴルノ＝カラバフにアルメニア人をおいたのは、独裁者スターリンでした。アルメニアが民族意識の高揚によってソ連から独立するのを阻止するために、アルメニア人を分断したのです。

アルメニアはナゴルノ＝カラバフの自国への編入を求めますが、アゼルバイジャンは拒否。武力で抑えようとしたために紛争となります。1992年にナゴルノ＝カラバフが独立を宣言すると、アゼルバイジャンと戦闘になり、1994年にロシアの仲介で一度停戦します。しか

Masuda's memo

回廊　回廊では赤十字などが活動し、物資の運搬だけでなく、救急搬送や突然の紛争で離れ離れになった離散家族の移送などが行われる。

しこの間に3万人とも言われる死者が出ました。

一方、アルメニア側に位置していたナヒチェバンという地域では、少数派のアルメニア人が追放され、アゼルバイジャンの飛び地になってしまったのです。

2016年、2020年にもアゼルバイジャンとアルメニアの軍が衝突し、ロシアや米仏の仲介で停戦に至りましたが、これで終わりではありませんでした。

2023年9月、アゼルバイジャンがナゴルノ=カラバフで軍事行動を開始したのです。アルメニアとナゴルノ=カラバフ間にはラチン回廊と呼ばれる人や物が行き来するルートが設けられていましたが、アゼルバイジャンが検問所を設けて回廊を閉ざす行動に出たため、両国の軋轢が高まっていました。そこへアゼルバイジャンが「対テロ作戦」を理由にナゴルノ=カラバフへの武力攻撃に出たのです。

**アゼルバイジャンの攻撃を前に、ウクライナ侵攻で手一杯で余裕のないロシアの支援も受けられず、なすすべのなかったアルメニアとナゴルノ=カラバフはすぐに降伏し、2024年1月1日をもってナゴルノ=カラバフの行政機関をすべて解散し、自治州は消滅することを発表しています。武力によって、1つの国境線が消えた事例となってしまいました。**

# ロシアによるウクライナ侵攻について旧ソ連圏はどう見ているのか

さて、ロシアとウクライナの間の国境については、CHAPTER6で扱いますが、ウクライナが2014年にロシアによる侵攻を受けた後は、EU入りを検討し始めるようになったこと、つまりロシアに近い国が次々にEU入り、NATO入りしていったことは、ロシアにとっては脅威だったようです。そのため、2022年のウクライナ侵攻についても、「NATOの東方拡大がロシアを追い詰めた結果だ」とする有識者がいました。

もっともプーチン大統領は以前、ヨーロッパ各国と融和的な姿勢を見せており、東方拡大についても強く抗議するようなことはありませんでした。実際、隣国のポーランドやリトアニアもEU・NATOの両方に参加しています。

ロシア自身も、1998年にはG8の一員として主要国首脳会議にも出席するようになっていました。ただし、2014年にウクライナに侵攻し、クリミア半島の併合を強行したことから、ロシアはG8メンバーから外され、主要国首脳会議は元のG7に戻っています。

現地取材で聞いてみると、**ハンガリーの人々などは、ロシアによるウクライナ侵攻を日本人**

Masuda's memo

**クリミア半島の併合** 2014年にロシアが電撃的にウクライナ領のクリミア半島に侵攻し、占領した。クリミアでは過去にもロシア帝国VSオスマン帝国＋英仏による戦争が行われている。

**とは違った角度からとらえています。「ロシアが戦争を起こしたのはよくないし、ウクライナの人たちが避難してくるならある程度は助ける。けれど、結局はロシアとウクライナではなく、ロシアとアメリカの戦争なのでしょう」と。**

ハンガリーの人々は旧ソ連圏だったからロシアに同情心があるわけではありません。エネルギーの供給でもロシアへの依存度が高いハンガリーは、ＥＵメンバーでＮＡＴＯ加盟国ですが、プーチン大統領とも親しいとされるオルバン首相が、自国の利益を最優先に考えて行動しているからです。

また、ハンガリーはオーストリアとの二重帝国やソ連圏に属したという大国に翻弄されてきた歴史を持ちます。だからこその世界の見方、があるのかもしれません。ウクライナ侵攻が思うようにいかないロシアは、経済や軍事面で中国や北朝鮮との関係を深めています。

今後もプーチン政権が続いていくのか。ロシアと国境を接する国や旧ソ連構成国は、どうなっていくのか。２０２４年のロシア大統領選挙の結果にも注目です。

# 鉄の意志で中立国家をつらぬくスイスのイデオロギー

イデオロギー、というとどうしても社会主義と資本主義、革新と保守、宗教原理主義などを思い浮かべてしまいますが、辞書的な意味で言えば「社会集団や社会的立場（国家・階級・党派・性別など）において思想・行動や生活の仕方を根底的に制約している観念・信条の体系。歴史的・社会的立場を反映した思想・意識の体系」を意味するドイツ語です（「三省堂 Word-Wise Web」）。

その意味で言えば、**国境線が変動し、「敵の敵は味方」式に同盟関係を組んで連鎖的な参戦さえ引き起こし、戦火の絶えることのなかったヨーロッパで、鉄の意志で中立をつらぬいたスイスの国家意思も、1つのイデオロギーだったと言っていいのかもしれません。**

スイスは1499年に神聖ローマ帝国から事実上の独立を果たしてから現在まで、中立を保っています。1618年に始まったヨーロッパの三十年戦争（CHAPTER1参照）では各国にスイス人の傭兵が遠征しましたが、スイス自体は中立を保ちました。

宗教対立から始まったこの戦争には、ローマ・カトリック勢力としてローマ帝国、ハンガリー、デンマーク＝ノルウェーが、それに対する新興勢力（プロテスタント）側としてスウェーデン、イングランド、ネーデルラントなど多くの国や地域が参戦カトリックの国であるにもか

Masuda's memo

ネーデルラント　現在のオランダ・ベルギーを中心とする地域を指す。1581年に北部の7州が集まって連邦制の共和国を形成した。

かわらず、新興勢力を支援したフランスのような国もありました。

こうした大混乱の中でもスイスは中立を保ち、三十年戦争後の1648年に締結されたウェストファリア条約によって、神聖ローマから正式に独立することとなり、国際的にも独立国としての地位を認められるようになったのです。

それでも1799年、オーストリア軍とプロイセン軍がフランス軍を駆逐すべくスイスに侵攻したことで、スイスも戦火に見舞われることになりました。しかし、1815年のウィーン会議で永世中立が認められ、以降は国際紛争に巻き込まれることもなく、第一次世界大戦、第二次世界大戦ともに中立を維持しました。現在も、国連には加盟したものの、EUやNATOには加盟していません。

それにしても、これだけ激しく戦火に見舞われてきたヨーロッパで、なぜスイスは中立を保つことができたのでしょうか。国家意思として「どこの国とも同盟関係を組まない」と決意することはできても、それを実行するのは容易ではありません。仮に他国がスイスの国境線を侵せば、仲間のいないスイスは自力でこれを退けなければならないのです。

**スイスが永世中立を維持することができたのには、3つの理由があります。**

**第1に「スイスがどこの国とも同盟を組まない国であることが、周辺国にとってもプラスに**

**なるから」という点が挙げられます。**スイスはドイツ、フランス、イタリア、オーストリア、リヒテンシュタインの5カ国と国境を接しており、スイスがどの陣営に協力するかで影響を受ける国が出てくるという微妙な位置に存在しています。

また、スイスはもとより多民族国家でもあり、現在でもドイツ語、フランス語、イタリア語、ロマンシュ語と4つの言語が公用語になっています。仮にそれぞれの勢力が周辺の国々の動きに呼応するようなことがあれば、国内での民族対立や宗派対立に発展しかねませんが、スイスは中立国であることによってこうした周辺国の影響を受けづらい状況を保てているのかもしれません。

**第2に、スイスが山岳地帯にあることが挙げられます。**イタリアとの国境は高いアルプス山脈によって隔てられていますが、実は国土全体の約58%がアルプス山脈に占められています。さらに国内にも4000メートルを越える山が48カ所もあり、そのほかの山岳地帯を総合すると、実に国土の70%を占めているのです。

こうした山岳地帯はスイスにとっては守りやすく、スイスを狙う敵勢力にとっては実に攻めづらい地形です。また、仮に他国が戦争で勝ち取ったとしても統治しづらい土地であることも理由の1つでしょう。山岳地帯の多い国にはうまみを感じない、というわけです。

**第3に、国民皆兵制が挙げられます。**スイスは人口約870万人の国ながら15万人規模の軍

Masuda's memo

ロマンシュ語　スイス第四の言語に指定されており、グラウビュンデン州で使われてきた。現在の話者は5万人程度で消滅の危機に瀕している。

隊を組織しており、日本が人口1億人以上もいながら25万人の自衛官を充足させるのに四苦八苦していることを考えると、驚くべきことです。

これを可能にしているのは、19~34歳の男性全員に兵役を課す国民皆兵制を実施しているからこそ。2015年には皆兵制を継続するかどうかを問う国民投票が実施されましたが、70%以上の国民が「国民皆兵制廃止に反対」の票を投じたことで、現在も国民皆兵制が続いています。「国民全員の力で、国家を守る」という強い意志こそが、スイスの国境を守り、永世中立という立場を守っているのでしょう。

**永世中立国だからこそ、スイスには多くの国際機関の本部が設けられており、世界貿易機関（WTO）、世界保健機関（WHO）、国連難民高等弁務官事務所（UNHCR）など約40の国際組織がスイスに本部や拠点を置いています。**

私も2023年にチョコレートの歴史に関する取材でスイスを訪れました。日本にも複数の店舗があるチョコレートショップ・リンツはスイスのブランドで、創業者はスイスチョコレートの生みの親、ロドルフ・リンツ。

元はドリンクとして愛されていたチョコレートを固形化し、口当たりを滑らかにする発明やミルクチョコレートの開発も、酪農大国スイスが発祥の地です。オメガなどの高級腕時計やスイスの美しい山岳風景とともに、チョコレートは現在のスイスの代名詞にもなっています。

Masuda's memo

多くの国際機関本部　スイスのジュネーブには赤十字の本部もある。赤十字のマークはスイス国旗と同デザインで色を反転させたもの。

# 大国の代理戦争に屈することなく繋がったベトナムの国境線

**大国のイデオロギーによって分断されかかった国境線を、国民の強い抵抗によって何とか繋ぎ止めたのがベトナムです。**

私は2020年1月にベトナムの都市、ホー・チ・ミンを取材しました。街を歩いているとレンガ造りの大きな教会があり、地図の英語表記を見ると「ノートルダム大聖堂」。ノートルダムは「我らの貴婦人」を意味するフランス語で、聖母マリアを指します。街並みにもフランス統治下の名残があり、「アジアのパリ」と呼ばれる所以を実感しました。

フランスの保護国だったベトナムは、一度は日本の占領下に置かれたものの、日本が敗戦によってベトナムから撤収したことによって再びフランスの影響を受けることになります。

ベトナムの北側で革命家のホー・チ・ミン（こちらは人名）がベトナム民主共和国の樹立を宣言したのは1945年のことですが、独立を認めたくないフランスとの間で第一次インドシナ戦争に発展。北ベトナム軍が1954年のディエンビエンフーの戦いでフランスに勝利すると、ジュネーブ協定を締結して停戦に至ります。

しかしアメリカの支援を受けた南ベトナムは協定をボイコットし、1955年にベトナム共

Masuda's memo

**ディエンビエンフーの戦い** フランス軍が空挺部隊を使ってディエンビエンフーを占領したが、ベトミン（ベトナム独立同盟）軍が50日余り包囲攻撃をして撃退。

和国成立を宣言します。アメリカとしては、ベトナム全土が社会主義に基づく政府に支配されることをよしとしなかったため、南ベトナムを支援して北ベトナムを牽制したのです。

ソ連との間でイデオロギーに基づく激しい冷戦を展開していたアメリカは、社会主義国が誕生し、うまく国家を運営していくことを許さなかったのです。そのために意図的に南北ベトナムを分断し、南ベトナムを支援して共産主義勢力を一掃しようと考えたのですが、ことはそううまくはいきませんでした。

南ベトナムにも反米的な反政府勢力（解放民族戦線）がいたことで、事情は複雑に入り組んできます。北ベトナムが、南ベトナム内の反政府勢力を支援することとなったからです。

1962年の第二次インドシナ戦争が始まるとアメリカがベトナムへ介入し始めます。そして1964年のトンキン湾事件をきっかけに、アメリカは本格的に軍事介入を開始しました。トンキン湾事件は北ベトナムの艦船が米艦に攻撃を加えたとしてアメリカが北ベトナムへの報復を正当化する材料に使われたのですが、のちにこの事件自体がアメリカの捏造《ねつぞう》だったことが発覚します。しかし当時はそうした事実はまだ明らかになっていません。1965年には北ベトナムへ空爆を行い、北ベトナムとアメリカが戦うベトナム戦争が始まりました。

戦いは熾烈を極めました。アメリカにとっては支援すべき南ベトナムの兵士と、敵である北ベトナムの兵士の見分けがつかないだけでなく、南ベトナム内部にも反政府・反米勢力がいてアメリカ兵に攻撃を仕掛けてくるからです。

ベトナムの兵隊は「ベトナム・コミュニスト」を略して「ベトコン」と呼ばれましたが、不屈の精神でゲリラ戦を展開するベトナムに、アメリカは大いに手を焼くことになったのです。

しかもベトナムは熱帯雨林のジャングルに覆われています。このジャングルに身を潜めたゲリラ兵と戦うのは至難の業でした。そこでアメリカ軍は枯葉剤を空中から散布して、ゲリラが身を潜めるジャングルの樹々を丸裸にして戦いを有利にしようと画策しました。しかしこの時散布した枯葉剤によって、目を覆いたくなるほどの被害が生じたのです。

その象徴が、1981年に下半身がつながった結合双生児として生まれた、双子のベトちゃん・ドクちゃんです。2人はアメリカの枯葉剤散布によって増えていた出産異常の一例で、頭は2つあるにもかかわらず、足は2本しかない状態で生まれて来たのです。ベトちゃん・ドクちゃんについては日本でも大きく報じられましたが、当時高校生だった私にとって、あまりの衝撃で言葉を失うほどでした。

ホー・チ・ミンから北西70キロメートルほどのところにあるクチという街には、ベトナム戦争時に掘られた地下トンネルの一部が今も残っています。空爆と枯葉剤散布という攻撃を行うアメリカに対抗するため、南ベトナムの解放民族戦線は地下に潜ってゲリラ戦を戦いました。私もトンネルに入ってみましたが、欧米人と比べて小柄なベトナム人しか入れない狭さで、「はまってしまって出られなくなるのでは」と焦るほどでした。

Masuda's memo

**ピュリッツァー賞** アメリカの新聞経営者・ジョセフ=ピュリッツァーの遺志により1917年に創設された文化賞。報道部門が有名だが文学・音楽部門も。

実に1975年まで続いたベトナム戦争は、アメリカ国内で反戦運動が盛り上がったことで1973年にアメリカが撤退し、北ベトナムの軍が南ベトナムの首都サイゴンを陥落させたことで終結しました。アメリカの支援を失った南ベトナム政府は、北ベトナムの攻撃に耐えきれずに崩壊したのです。こうして1976年、南北ベトナムは「ベトナム社会主義共和国」として統一されることになりました。

一方のアメリカは国内からも反戦運動を起こされただけでなく、国際社会からも厳しい視線を向けられることになりました。たとえばピュリッツァー賞を受賞した沢田教一氏の「安全への逃避」やAP通信の報道写真家ニック・ウット氏の「ナパーム弾の少女」の写真は、誰もが教科書や資料集で一度は目にしたことがあるのではないでしょうか。

必死に逃げる母子や全裸で逃げまどう子どもの姿は、戦争の悲惨さを伝えてあまりあるものでした。同時に共産主義との戦いに前のめりになったアメリカの非情さ、非道さをも国際社会に伝えることとなったのです。

**もしベトナム戦争で北ベトナム勢力が負けていれば、ベトナムは朝鮮半島のように南北に分断されて、今も対立を続けていたかもしれません。その後、ベトナムは同じ社会主義国でありながら中国軍との間で中越紛争に至りましたが、1991年には中国との国交を完全に正常化し、良好な関係を築いてきました。しかし近年は南シナ海のパラセル（西沙）諸島、スプラトリー（南沙）諸島の領有をめぐる〝国境争い〟が起きており、対立を深めています。**

## ベトナム戦争時の国境線は

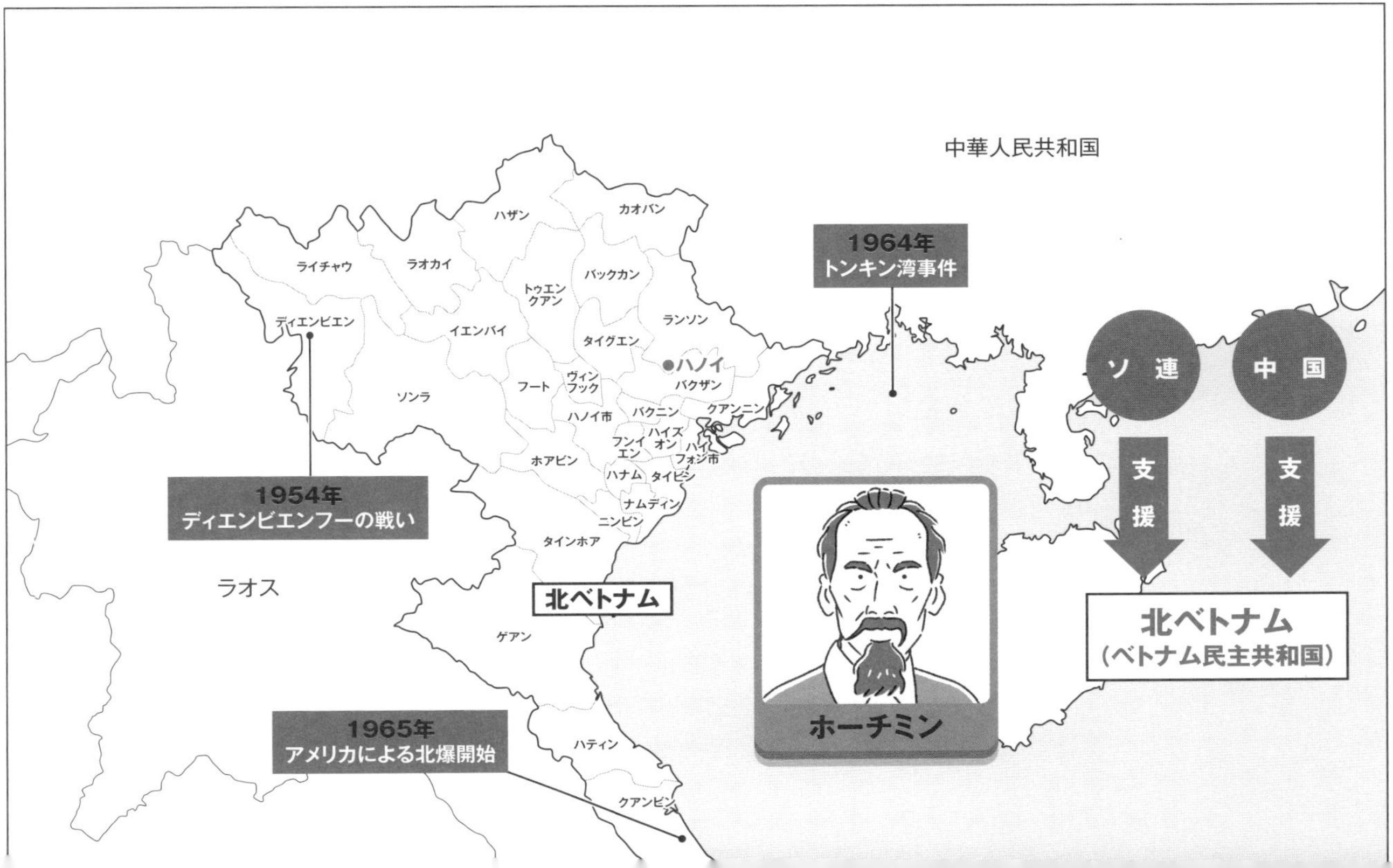

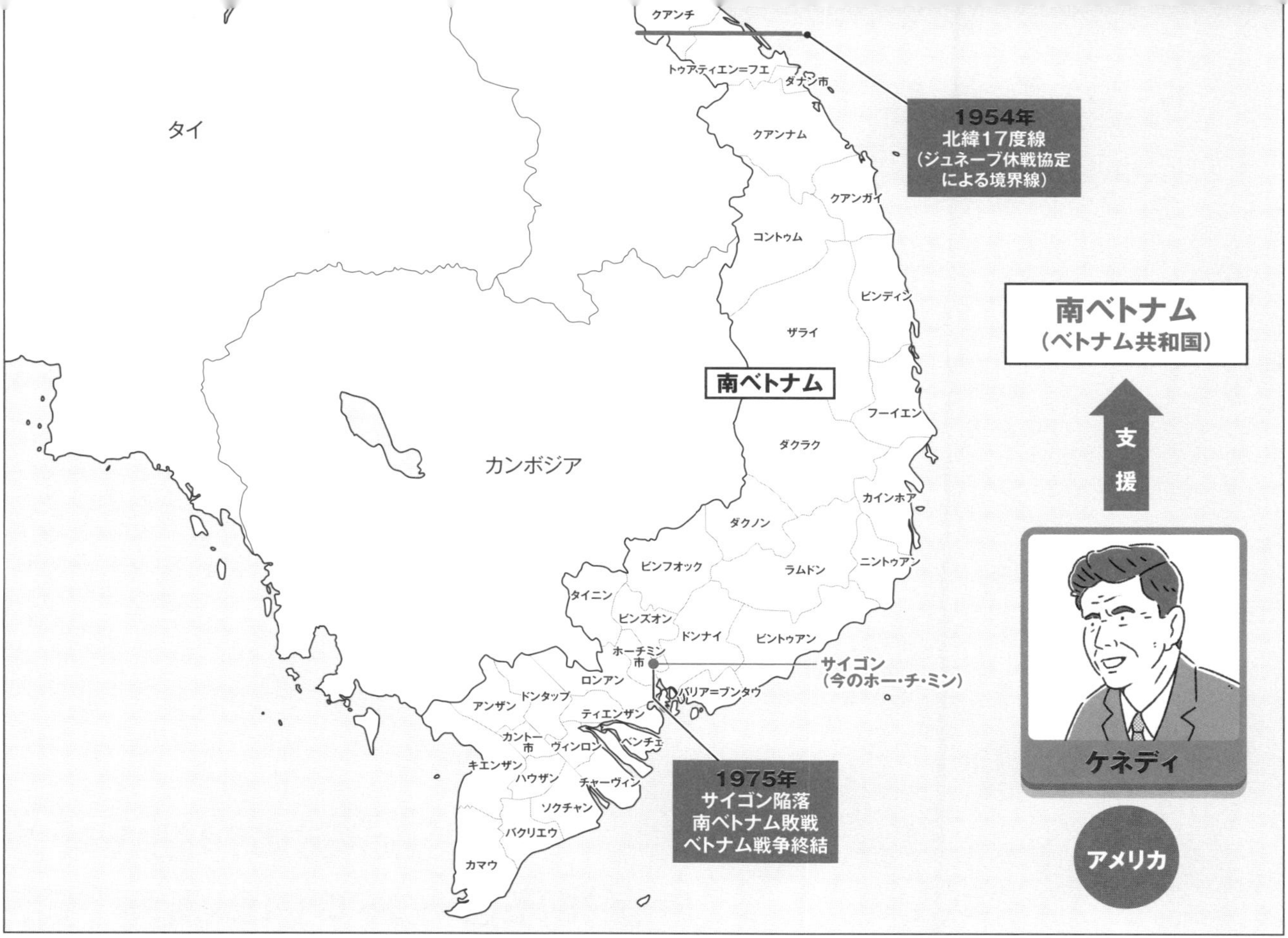
クアンチ
トゥアティエン=フエ
ダナン市
1954年
北緯17度線
（ジュネーブ休戦協定による境界線）
タイ
クアンナム
クアンガイ
コントゥム
ビンディン
ザライ
南ベトナム
南ベトナム
（ベトナム共和国）
支援
フーイエン
ダクラク
カンボジア
カインホア
ダクノン
ビンフオック
ラムドン
ニントゥアン
タイニン
ビンズオン
ドンナイ
ビントゥアン
ホーチミン市
サイゴン
（今のホー・チ・ミン）
ロンアン
バリア=ブンタウ
アンザン
ドンタップ
ティエンザン
カントー市
ヴィンロン
ベンチェ
キエンザン
ハウザン
チャーヴィン
ソクチャン
バクリエウ
カマウ
1975年
サイゴン陥落
南ベトナム敗戦
ベトナム戦争終結
ケネディ
アメリカ

# 「国境」を巡るこれまでの出来事とこれから起こり得る出来事

ここまで、現在の国家を形作るとともに、将来に向けての課題も残る、様々な国境についてみてきました。

領土拡張の野心、というと物々しいですが、国境線を広げたいと考える動機は野心だけではありません。国民により良い生活をさせたい、歴史的に思い入れのある土地を取り返したい、本来1つであるべきなのに、国境線を隔てることになってしまった地域ともう一度、1つの国になりたいというものや、力が及ばなかったことで勝手に他者に決められてしまった国境線を、自分たちの理想と一致させたい、というより切実な動機もあるのです。

では、これからの国境のあり方はどのようなものになるのでしょうか。

国境を越えた新しい協力の形を掲げ、それぞれの国の文化や歴史を尊重しつつも1つの連合として協力し、国際的な存在感を示しているのが欧州連合（ＥＵ）です。

ＥＵ加盟国はそれぞれ独立した主権国家でありながら、その主権の一部をＥＵ機構に譲り、欧州議会で方針を決めるという世界初の共同体で、現在、欧州の27カ国が加盟しています。戦争を繰り返してきたヨーロッパ各国が連携して、戦争のない、同じ価値観でまとまった繁栄した欧州を作ろうという試みは第二次世界大戦後から始まり、現在に至ります。

この発想に、1人の日本人女性が大きな影響を与えていることをご存じでしょうか。1874年に東京で生まれた青山光子という女性です。

光子は日本を訪れていたオーストリア・ハンガリー帝国の代理公使、ハインリヒ・フォン・クーデンホーフ＝カレルギー伯爵に見初められて、最初は公使館のメイドとして働き、のちに伯爵の妻になります。2人の息子をもうけた伯爵と光子は現チェコ共和国のドイツ国境に近い町に移り住み、ドイツ語・フランス語やヨーロッパの歴史・地理などを学び始めます。伯爵夫人として恥じぬよう、という思いがあったのかもしれません。

伯爵の死後、さまざまな苦労を背負うことになりますが子どもたちを育て上げ、光子の次男リヒャルト・クーデンホーフ＝カレルギーは平和運動「汎ヨーロッパ主義」の主唱者として知られるようになります。

そしてカレルギーの運動こそが、ヨーロッパ統合の理想を育み、今日のEU設立にまでつながった、と言われているのです。そのため、光子はしばしば「EUの母」と呼ばれるようになったのです。ハンガリー語を学び、ハンガリー人に愛されたエリザベートのように、他国の歴史や文化を重んじ、互いに尊重し合うことを大事にしたであろう光子は、次男にも同じような話をしていたのかもしれません。

こうした理想から欧州はEUを設立する一方、物理的な人やモノの行き来も柔軟にしようと、従来は出入国手続きが必要な国境を越える際の審査をなくすシェンゲン協定を結びました。

なお、イギリスは2016年の国民投票の結果に基づき、2020年でEUを離脱していますし、EU加盟時からシェンゲン協定にも参加していません。

ただし、自由な行き来ができるようになったことで新たに生じてきた問題もあります。それが労働力の移動です。ひと口にEU圏といっても、西欧に比べて東欧はまだ経済発展が十分ではなく、賃金も生活レベルも低い現状があります。人々はより良い暮らし、安心な生活を求めて西へと移動しているのです。

また、キリスト教に基づくリベラルな価値観を守ろうというEU加盟国の中には、その精神に基づいて移民や難民を多く受け入れたことによって国内に軋轢《あつれき》が生じている、と報じられるケースも少なくありません。

ただし、ドイツやフランスなど、移民大国と言われる国々では、日本で「軋轢が生じている」

と語られるのとはまた違った実態があるのも事実です。「ベルリンの壁がなくなったと思ったら、今度は移民の壁ができた！」と言われてドイツに飛んで行ってみたら、すぐに移動できるような簡易な壁に過ぎなかったり、フランスでは移民排斥を掲げる右派政党が躍進しても大統領当選までには及ばず、一方で移民に対して支援を惜しまないパリの人々に話を聞くことが出来たりと、取材を通じて「本当の姿」を見ることもできました。

こうした欧州の取り組みに、日本が学ぶべき点は多いはずです。

私は2023年5月に埼玉県川口市をクルド人移民の取材のために訪れました。クルド人が自国を持つことができなかったことは、CHAPTER4でも取り上げました。そのため、トルコで政治的迫害を受けて逃げて来た人たちや、日本の状況を聞いてやってきた人たちが川口とその周辺にまとまって住んでおり、隣接する蕨市では「ワラビスタン」と呼ばれるほどになっている…と話題になっていたのです。

クルド人と住民との間に軋轢があり、問題が生じているという対立関係を際立たせるような取り上げ方をするケースがある一方で、実際には日本人とクルド人が結婚して家庭を築いているケースや、あえて社会に背を向けて不良行為を行っているのではなく、単に日本のルールをよく理解できていないというケースもあります。

またトルコとの関係で、「大使館に行ったらいつの間にか逮捕状が出ていて、帰ることが出来なくなった」と嘆くクルド人もいました。一方で、トルコは「クルド人を迫害などしていない」と主張しているため、トルコと良好な関係を築いている日本としても政治難民として正式に彼らを受け入れることができません。

こうして、トルコにおけるクルド人問題が、日本にも波及しているのです。

2017年にアメリカでトランプ大統領が誕生して以来、「自国第一主義」を掲げる国家元首やリーダーが次々に誕生するようになりました。しかし突き詰めれば、どの国も「自国第一主義」であることに変わりはありません。

どうすれば自国の国民を十分に食べさせることができるのか。どういう産業であれば、自国の経済を発展させることができるのか。他国を出し抜いてでも、自国のことを最優先に考える、というのはいわば当たり前のことともいえるのです。

しかし歴史的に見ても、目の前の利益を優先したことで、後からしっぺ返しに遭う例は少なくありません。「植民地を拡大したい」「農園経営のために黒人をアフリカから連れてくればいい」「国家同士の関係を悪化させたくないから、人権問題に目をつぶっておけばいい」……。

それぞれの利害関係や、歴史や文化への誇り、もっと身に迫ったその日の生活があるなかで、どうやって人々は折り合いをつけていくべきなのか。現在にも残る国際社会の様々な問題を、本書で紹介したような「国境学」からとらえ直すことで、学べることは多いはずです。

# ヨーロッパ統合の夢が生んだシェンゲン協定

## 池上は、こう読んだ

ベルリンの街を歩くと、地面にコンクリートの破片が埋め込まれた細い線が伸びています。かつてベルリンの壁があった所です。ただし、ベルリンの壁は、そんなに薄かったわけではありません。本章の記述にもあるように、**乗り越えるのは命がけでした。ただ、壁がなくなったことで、東側には広い空き地が出現。再開発が進んでいます。**

スイスといえば、チョコレート以外に、バチカン市国の衛兵を送り込んでいることでも知られています。ミケランジェロがデザインしたと言われる**派手な制服に身を包んだ若者たちは未婚のカトリック教徒限定。観光客との記念撮影にも気軽に応じていますが、主要任務はローマ教皇の警護。実は密かに拳銃や催涙スプレーを所持しています。**

ベトナムに行くと、かつての宗主国のフランスの観光客や、祖父や親がベトナムで戦ったというアメリカ人観光客の姿も見かけます。いまは平和な光景を見ると、あの戦争はなんだったのかと思わされます。しか**し、大国アメリカと戦い、アメリカを追い出すことができたという歴史はベトナム人の誇りなのです。**

CHAPTER 6

# 現在進行形で争いが続いている現実

# 国境はまだ決まっていません

日々ニュースで流れている世界の惨状。
その大きな原因は国境をめぐる争いです。
今を把握し未来に希望をもつために
わたしたちが知っておきたいこと。

― BORDER STUDIES ―

## かつてのフォークランド紛争でもまだ領土は確定していなかった

一時はモンゴル帝国を上回る帝国を築いていたのがイギリスです。「7つの海、すべてを制覇した」と呼ばれる通り、その最大領土は実に地球上の陸地の25%を占めたといいます。

**イギリスは現在もその名残である海外領土を各地に持っており、各地の国旗にはイギリスの国旗であるユニオンジャックがあしらわれています。**

**その1つである南米・アルゼンチン沖にあるフォークランド諸島。戦争で一度は決着がつきながら、今なおイギリスとアルゼンチンの間での領有権問題が解決していない状態にあり、アルゼンチンは「マルビナス諸島」と呼んでいます。**

フォークランド諸島は1592年にイギリス人が発見し、1833年にイギリス領となった、とイギリスは主張しています。一方、アルゼンチンは、アルゼンチンがスペインから独立した際、マルビナス諸島の領有権も自分たちに受け継がれた、と主張。

以前から争いは続いていましたが、ついに1982年、アルゼンチン軍がフォークランド諸島に「民間人を装った軍人」を上陸させるという形で攻め込み、これに対してイギリス軍が南

Masuda's memo

サッチャー首相 フォークランドへのイギリス軍派遣をためらう閣僚を前に「わが内閣に男は1人しかいないのか」と述べたという逸話が残っている。

大西洋まで出かけていって応戦したため、紛争が勃発しました。

戦争は72日間で、イギリスの勝利に終わりましたが、この間、実に印象的だったのは当時イギリスの首相だったマーガレット・サッチャーです。まだまだ女性宰相が世界的にも珍しかった時代であるうえに、軍を派遣し海外領土を守り切った「強い女性」に、当時の私は子どもながらに圧倒されたものです。

**200人以上のイギリス兵の死者を出しながらも（アルゼンチン側は650人超）、イギリスはアメリカの協力を得て、激戦の末、勝利をものにします。一方のアルゼンチンは、敗北後も「マルビナス諸島はわれわれの領土である」との主張を曲げてはいません。つまり、フォークランド諸島の国境は「まだ決まっていない」のです。**

それでもイギリス・アルゼンチン両国は1990年に国交を正常化させ、その後、フォークランド周辺の油田を共同開発する合意も結びました。領有権問題自体、つまり国境については解決していないものの、ひとまずの落としどころを見出した格好です。

フォークランド紛争にはイギリス王室のアンドルー王子、つまり現国王・チャールズの弟が従軍しています。さらにフォークランド紛争から30年目となる2012年には、現在王位継承順位1位のウィリアム皇太子が救助ヘリのパイロットとして現地に派遣されています。

# 植民地支配の影響で未だに国境線の決まっていない西サハラ

**直線の目立つアフリカ大陸の中で、地図上に色の塗られていない地域があります。モロッコとモーリタニアに挟まれた西サハラ地域で、国境線は決まっておらず、統治する国も存在しない状況に。ここにも植民地支配の影響が色濃く影を落としています。**

アラブ人とベルベル人と呼ばれる人たちが住んでいた西サハラ地域は、1884年にスペインの植民地となります。大航海時代にはポルトガルと世界を二分していたスペインもすでに力を失いつつありましたが、西サハラとモロッコの一部の権益を失うまいと必死でした。

CHAPTER4でも見たように、アフリカ各国は第二次世界大戦後の1950年〜1960年代に続々と独立しましたが、西サハラ地域に関してはスペインが粘り、1976年まで領有を主張し続け、この年になってようやく撤退したのです。

このとき、モロッコの王族ハッサン2世が呼びかけ、西サハラの領有を非武装で主張する越境大行進「緑の行進」が行われます。モロッコは「モロッコ王国」が正式名称の、立憲君主制の国なのです。人口の大半をベルベル人とアラブ人が占めるイスラム教国でもあります。1976年には隣のモーリタニアとともに西サハラを分割統治しますが、これに反発して西サハラ独立を目指すポリサリオ戦線が「サハラ＝アラブ民主共和国」の独立を宣言。

Masuda's memo

モロッコ王国　2023年9月に大規模な地震に見舞われた。とんがった蓋が印象的で、煮込み料理に使える「タジン鍋」はモロッコの伝統。

一方のモロッコとモーリタニアは、実はスペインとの間で「スペインが撤退したら、モロッコとモーリタニアに西サハラを割譲する」と約束していたため、両者と西サハラ独立派との間で紛争が勃発します。ポリサリオ戦線とモーリタニアは1979年に和平協定を結び、モーリタニアは西サハラを放棄しましたが、モロッコはむしろモーリタニアがスペインから割譲された（ことになっている）地域をも併合し、1991年まで紛争を続けました。

停戦は国連総長の和平案に基づくもので、西サハラの命運はやはり住民投票にゆだねられることになりました。そこで国連による西サハラ住民投票監視団が創設されて選挙に臨む態勢が準備されつつあったのですが、西サハラには遊牧民が多く有権者を特定できないという理由から延期されてしまいます。

現在、モロッコが実効支配している地域と、ポリサリオ戦線が影響力を持っている地域は西サハラの北側と南側で分かれており、両地域の間には砂の壁と言われる軍事境界線が存在します。ゲリラ攻撃を防ぐためにモロッコ側が築いたもので、砂と鉄条網でできた数メートルの高さの壁の周りには、地雷が埋められているという状況にあります。

**モロッコは未だに西サハラの領有権を主張し、モロッコの統治のもとでの自治ならば認めるとしています。一方の西サハラ独立勢力であるポリサリオ戦線は今も住民投票を求めており、2007年、2018年と複数回の交渉を行っていますが、まだ結論は出ていません。**

# 国境を巡って核保有にまで発展！カシミール地方

**国境を巡る2国の争いが、両国の核保有に繋がった例もあります。それがインド−パキスタン間にあるカシミール地方を巡る国境の問題です。**

19世紀にはイギリスの植民地だった両国ですが、イギリスは植民地内の統治をやりやすくするために、あえて植民地内に対立構造を作り出しました。それがヒンズー教徒とイスラム教徒の対立で、インドに多いヒンズー教徒をあからさまに優遇し、イスラム教徒の反感がイギリスではなくヒンズー教徒に向かうよう、仕向けたのです。

こうした対立が尾を引き、１９４７年にイギリス統治から独立する際に、ヒンズー教徒の多い地域はインドとして、イスラム教徒の多い地域はパキスタンとして、それぞれ別の国として独立することになります。

懸案になっているカシミール地方の住民の多くはイスラム教徒でした。宗教人口の分布で国を分けている以上、本来であればカシミール地方はイスラムの国家であるパキスタンの一部となるべきでした。しかしカシミール地方を治めていた勢力はどちらにもつかず、独立を画策します。これがカシミール地方の争いの発端となりました。

Masuda's memo

**植民地内に対立構造** 被支配民が一丸となって支配者側に対抗することを防ぐために、被支配民の間に軋轢を設けて対立させる手法。分割統治とも言う。

パキスタンとしては自国に取り込みたいがために、イスラム民兵をカシミール地方に投入します。しかし独立を考えていたカシミールの統治者は、インドに援軍を求めたのです。双方が争い、**1947年に第一次印パ戦争に発展。この時は国連が調停し、印パの争いはひとまず収まり、カシミール地方を分割する停戦ラインが設けられました。**

この停戦ラインにより、カシミール地方の3分の2にあたる直轄地をインドが実効支配。残り3分の1にあたる地域をパキスタンが実効支配することになりました。印パ間は、停戦はしたものの火種はくすぶっており、1962年には中印戦争によって、カシミール地方の一部・アクサイチンを中国が管理することとなります。この中印の国境争いについては次の項で詳しく説明します。

一方、パキスタンは反インドの思惑から「敵の敵は味方」とばかりに中国に接近し、1963年にはカシミール地方でパキスタンが支配する地域のシャクスガン渓谷周辺（カラコルム回廊）を中国へ割譲しています。

そして**1965年、1971年に第二次、第三次印パ戦争が起きます。**

第二次印パ戦争は、カシミールのインド支配地域にパキスタンが武力侵入したことがもとで始まりました。第三次印パ戦争は、東パキスタンがバングラデシュとして独立を宣言し、内戦に発展したところへインドが介入したために起きてしまいました。この時はパキスタンがインドに降伏し、1972年に旧停戦ラインとは異なる管理ラインを設けています。

しかし**旧停戦ラインと管理ライン、さらには実効支配地域と印パそれぞれの主張する国境線は異なっており、カシミール地方の「国境線はまだ決まっていません」。そのため、地図を見てもこの地域の国境線は実線ではなく点線で書かれているのです。**

さらに悪いことに1998年、インドとパキスタンはそろって地下核実験を実施し、核保有国になります。中国が1960年代に核を保有したのを受けてインドが核保有を画策したのですが、これによってさらにパキスタンも核を保有するという、まさに「核のドミノ倒し」が起きたことになります。

その後、両国の本格的な軍事衝突には至っていませんが、インドではヒンズー教至上主義が、そしてパキスタンではイスラムテロ組織の活動が活発化しています。

2000年以降を見ても、カシミール地方で分離独立を要求するイスラム系武装勢力とインド勢力の衝突が起きたり、2001年9月11日のアメリカ同時多発テロを起こしたアルカイダの指導者オサマ＝ビンラディンがパキスタンに潜伏していたところをアメリカの特殊部隊に射殺されたり、イスラム主義勢力であるアフガニスタンのタリバンの影響を受けたパキスタン・タリバン運動によるテロが続発したりと、今なお一触即発の地域になっています。

また2020年にはカシミール東部の中印国境にあたるガルワン渓谷で、中国とインドの軍

Masuda's memo

**地下核実験** 地下深く掘ったトンネル内で行われる核実験。核実験の手法には、地下核実験の他に大気圏内核実験、高高度核実験、水中核実験がある。

隊が衝突し、インド兵20人が死亡する事態となっています。核兵器を持つ国同士の軍事衝突という緊張状態の一方、両国ともに衝突をエスカレートさせたくないという思惑から「銃器を使わない」という合意があり、中国兵は棍棒を用い、インド兵も投石や放火、素手での格闘で応じるなど武器を使わない衝突にとどまったとも報じられています。

もし印パが全面戦争となって核戦争に至った場合には、両国合わせて１２００万人もの死者が出るという試算もあります。２００２年にもカシミール危機と呼ばれる両国の軍人が１００万人も集まっての銃撃戦も発生しました。

**まだ決まっていない国境を巡る争いは、21世紀に入っても続いているのです。**

## 繰り返し衝突が起きるカシミール地方

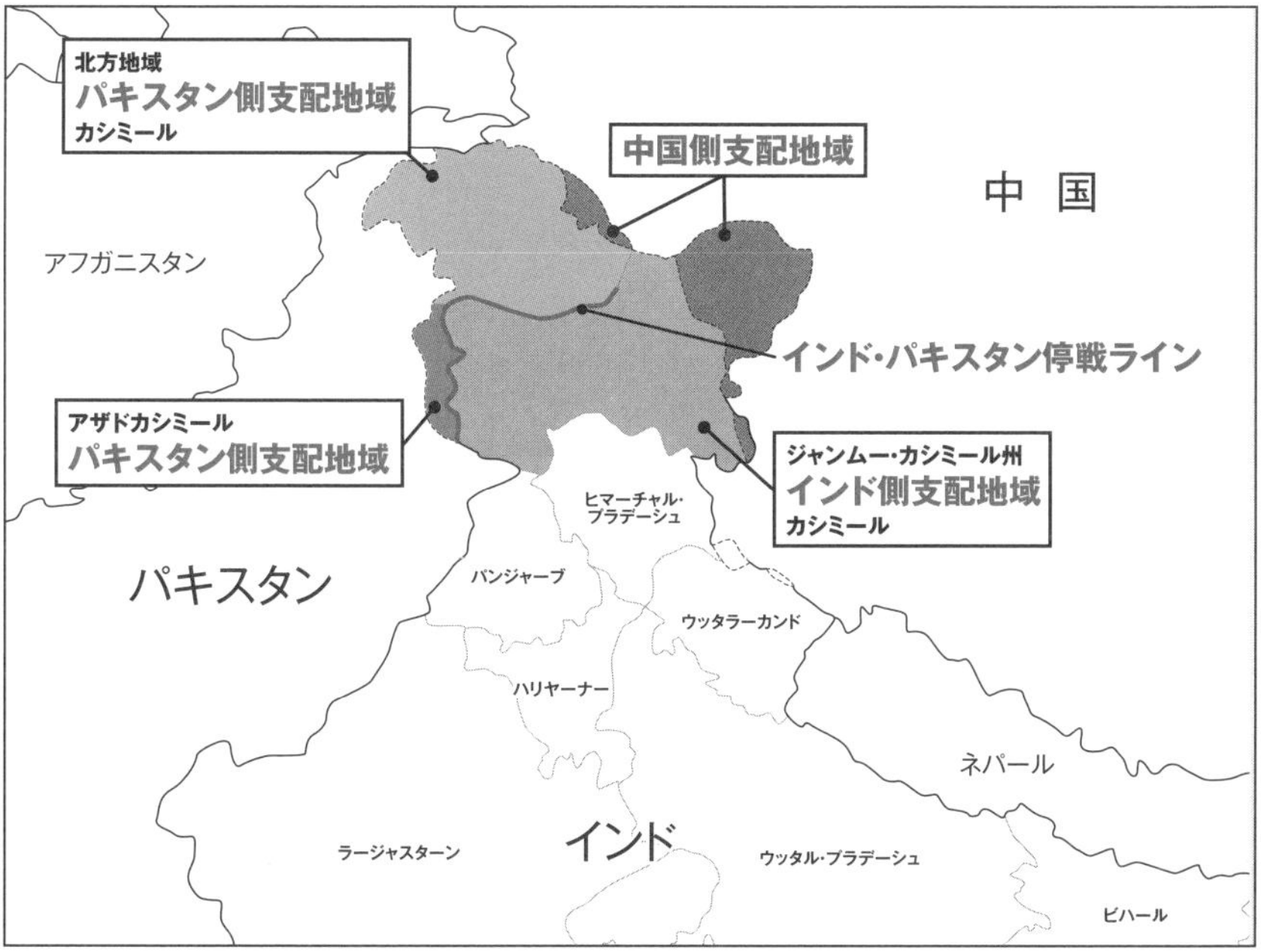

# インドとパキスタンの関係に加えて中国も入ってもめるカシミール地方

前項でインドとパキスタンの間の係争になっているカシミール地方に中国も加わってきたことに触れましたが、**中国とインドはカシミール地方以外にも国境問題を抱えています。**

**インドの東側にはひょろひょろと伸びた、ブータンとバングラデシュを越えてミャンマーと接する部分がありますが、地図を見ると、この部分と中国・チベット自治区との境目になる部分が実線ではなく点線で書かれており、色分けされていないことに気づくと思います。ここが中国とインドの間で国境を巡る争いになっているのです。**

本来、中国とインドはヒマラヤ山脈を国境代わりにして隔てられており、ネパールやブータンを挟む現在の国境も大部分がヒマラヤ山脈を起点にしています。しかしヒマラヤ山脈のさらに東側、地図上の空白部分にあたるアルナーチャル・プラデーシュ州に関しては、1911年に起きた中国の辛亥革命後の1914年に、当時イギリス領だったインドとチベット、そして中国の間で会議が行われ、マクマホンラインと呼ばれる境界線が決められました。線の北側からがチベット、南側はインドということになったのですが、中国は署名を拒否していたのです。

そして第二次世界大戦後の1951年に中国がチベットを併合すると、「マクマホンライン

Masuda's memo

マクマホンライン インドを統治していたイギリスの全権大使で、3者会議にも参加したアーサー・ヘンリー・マクマホンの名前から付けられた。

に中国は署名していないので無効であり、アルナーチャル・プラデーシュ州にあたる地域は中国領である」と主張するようになります。

決定的に状況が悪くなったのは、1959年にチベットのダライ・ラマ14世がインドに亡命したことでした。ダライ・ラマは中国によるチベット併合まではチベット君主を務めていたため、中国が「そんな人物をかくまうとは何事か」といきり立ったのです。しかもインドのダラムサラにチベット亡命政府を作ったために、中国の怒りは頂点に達しました。

そして1959年、中国はアルナーチャル・プラデーシュ州に軍事侵攻し、3年に及ぶ中印戦争が始まります。この戦闘はカシミール地方やブータンの東側にも波及しました。

さらに1962年には前項でも触れたように中国はカシミールにも侵攻し、アクサイチンを実効支配することになりました。中印戦争は中国が有利な形で終結しましたが、**中印国境はマクマホンラインに戻すことが決められたのです。**

ただし中国は前述のとおり、パキスタンからカシミール地方の一部を割譲されており、これにはインドも神経を逆なでされたことでしょう。

中印両国は今も政治的には関係がよくない一方、経済関係については近年、急速に発展しています。インドは近年、米中対立やグローバルサウスへの注目が集まったことで存在感を強めています。日本との関係で言えば、対中国を意識したQUAD《クアッド》という安全保障などの枠組みがあり、アメリカやオーストラリアと一緒にインドも参加して首脳会合を開くなどしています。

Masuda's memo

QUAD 「日米豪印戦略対話」の通称で、2022年に共同声明を発表。覇権を狙う中国を念頭に「自由で開かれたインド太平洋」の価値を共有。quadは英語で「4つの」を意味する。

とは言え非同盟をつらぬくインドは中国をけん制するグループには入っても日米など西側に完全に寄ることはなく、武器開発などで協力を受けてきたロシアとの深い関係を現在も保っています。

一方でインド国内ではシク教徒とヒンズー教徒、またはイスラム教徒とヒンズー教徒の間にある宗教対立や、カーストと呼ばれる身分制度などの課題を抱えています。

インドは国際的にもＩＴが強いのですが、これを「カーストによって定められている職業の中にＩＴが入っていないため、どの階級の人でもＩＴ技術者になることができるから」だという人もいます。

## IT技術者はカーストにしばられない

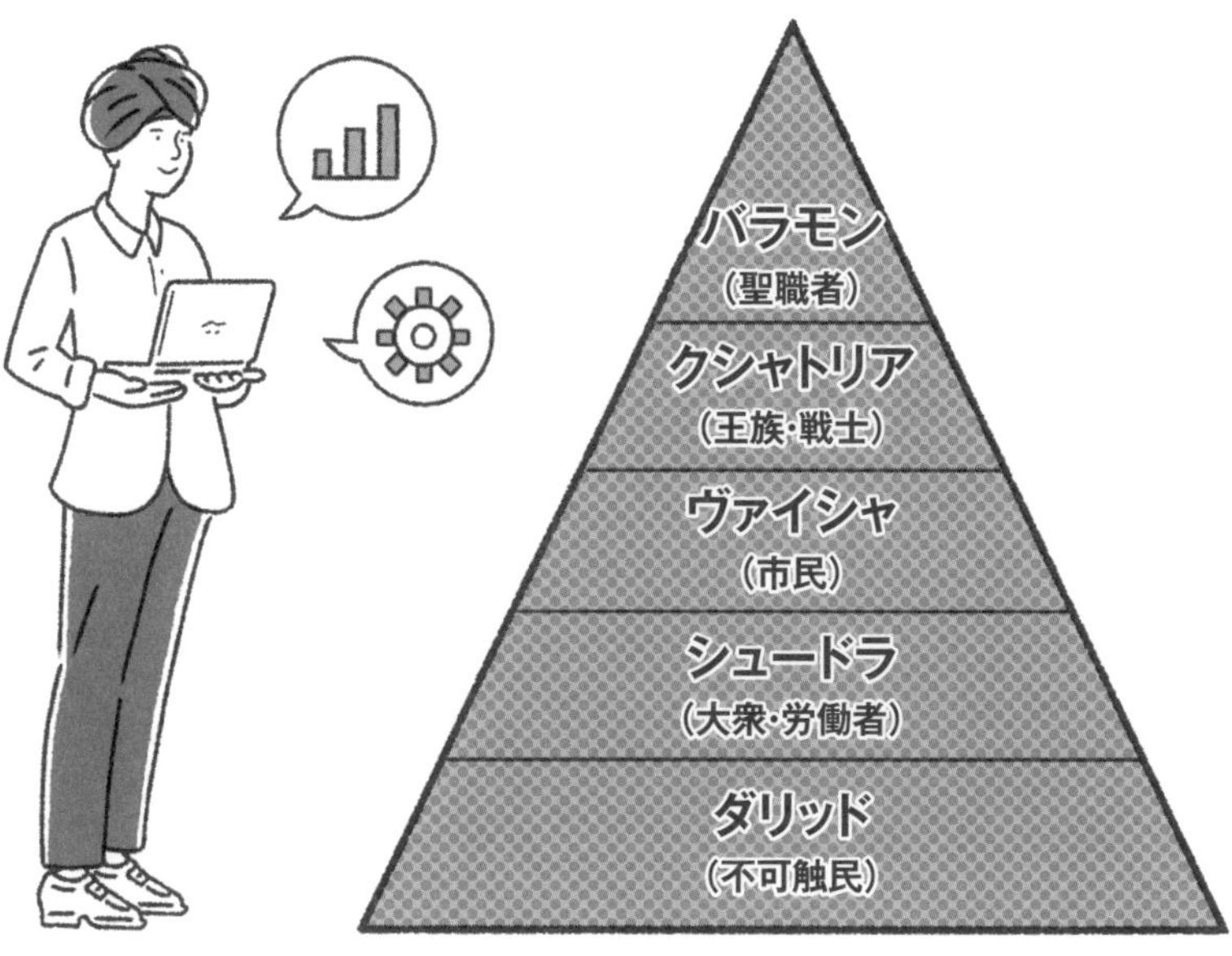

# 中国とインド間の火種

係争中の領土
アクサイチン
中国が実効支配、
インドが領有権を主張
マクマホンライン
インドが主張する国境線
中国が主張
する国境線
キルギス
タジキスタン
アフガ
ニスタン
中　国
シャンムー・
カシミール
ヒマーチャル・
プラデーシュ
パキスタン
パンジャーブ
ウッタラーカンド
チベット
ハリヤーナー
ネパール
アルナーチャル・
プラデーシュ
シッキム
ブータン
ラージャスターン
ウッタル・プラデーシュ
アソム
ナガランド
ビハール
メーガーラヤ
バングラ
デシュ
マニプル
インド
トリプラ
グジャラート
ジャールカンド
ミゾラム
マディヤ・プラデーシュ
西ベンガル
ミャンマー
チャッティー
スガル
オリッサ
マハーラーシュトラ
テランガーナ
ゴア
アーンドラ・
プラデーシュ
カルナータカ

# 同じ民族、家族が離ればなれに緊張感が続く韓国と北朝鮮

日本のすぐお隣にも、国境線が定まっていない国があります。それが朝鮮半島の韓国と北朝鮮です。

現在、両国を分けている北緯38度線はあくまでも朝鮮戦争の「休戦ライン」であって、国境ではありませんし、今も両国はいつ戦争が始まるかわからない、緊張状態に置かれています。

朝鮮戦争が起きたのは1950年のこと。朝鮮半島を併合していた日本が第二次世界大戦で敗北し、その後、アメリカとソ連が南北をそれぞれ占領していました。1948年にアメリカが占領していた南側が大韓民国（韓国）に、ソ連が占領していた北側が朝鮮民主主義人民共和国（北朝鮮）になりましたが、冷戦の影響もあり、両国は対立。戦争に発展しました。

戦争直前、両国を分けていたのは北緯38度線でしたが、開戦直後、北朝鮮側が一気に韓国側に攻め入り、首都であるソウルを含む領土の大部分をわずか4日のうちに支配し、万事休すの状態に至ります。

Masuda's memo

**朝鮮戦争** 開戦当時アメリカの占領下にあった日本は米軍の「後方基地」の役割を担った。軍からの需要が伸びて日本経済が急回復する「特需」も。

しかし米軍が北朝鮮を背後から攻めて形勢が逆転し、今度は韓国軍が平壌《ピョンヤン》を越えて大部分を支配。一進一退の攻防を続け、北緯38度線を挟んだ戦闘が続きました。

その後、ソ連が休戦を提案し、1953年に休戦が成立、軍事境界線が休戦ラインとなりました。

私は2018年にこの軍事境界線上にある板門店《パンムンジョム》を現地取材しました。ツアーで行くことができるのですが朝鮮戦争はあくまでも休戦にすぎず、いつ再開するかわからない状態が続いているため、ツアー参加時には「なにがあっても旅行会社は責任を負いません」という主旨の宣誓書に署名しなければなりません。またドレスコードが厳しく、肌を露出している服やジーンズ、派手な髪形などがNGなのに加え、英語などでメッセージが書かれているTシャツなどもNG。私と同じツアーに参加した人の中には、スタジアムジャンパーの背中と腕の文字をガムテープで覆うよう、指示されている人もいました。

板門店にあり、軍事境界線をまたぐように建っている軍事停戦委員会会議場にも入ることができます。建物の中に分断線が通っているので、部屋の向こう側に回ることで、一時的に韓国から北朝鮮に〝越境〟することもできます。私のスマートフォンのGPSは北朝鮮側に移動すると正確に現在地を「北朝鮮」に切り替えていました。

軍事境界線の北側には北朝鮮の軍人が、南側には韓国の軍人がずらっと並んで警備していて、



Masuda's memo

板門店　正式名称は「軍事停戦委員会板門店共同警備区域」。中立国監督委員会と軍事停戦委員会の本会議場が設置されている。

短時間、見学するだけでもピリピリとした緊張感が伝わってくる場所です。

この軍事境界線を２０１８年に韓国の文在寅《ムンジェイン》大統領、北朝鮮の金正恩《キムジョンウン》委員長が揃って訪れ、その後、アメリカのトランプ大統領までが参加して３人そろって軍事境界線を越えるというパフォーマンスを見せました。

このときには、朝鮮戦争が休戦からいよいよ終結に向かうのではないかという期待も高まりましたが、その後の進展はなく、実を伴わないパフォーマンスで終わってしまいました。トランプ大統領退陣後、米朝の直接会談はぱったりと途絶えています。

それ以前にも、南北統一の機運が一時的に高まり、２０００年のシドニーオリンピックでは南北統一旗という旗まで作られて、韓国と北朝鮮の選手が一緒に行進するなど融和ムードもありました。しかし、その後の北朝鮮の核開発などでそうした動きや対話は縮小。文大統領は積極的に融和に取り組みましたが、２０２２年に尹錫悦《ユンソクヨル》大統領になってからは北朝鮮との対決姿勢を鮮明にしています。

## まだ決まっていないながら、事実上の国境となっている軍事境界線。

家族でありながら朝鮮戦争のさなかに散り散りになってしまった南北離散家族や、北朝鮮による韓国人の拉致問題で生き別れになっている人たちも多く、軍事境界線は国を隔てるだけでなく、人々の命運や絆を分断する境界線にもなってしまっているのです。

## 朝鮮戦争時の北朝鮮と韓国のリーダーと支援国

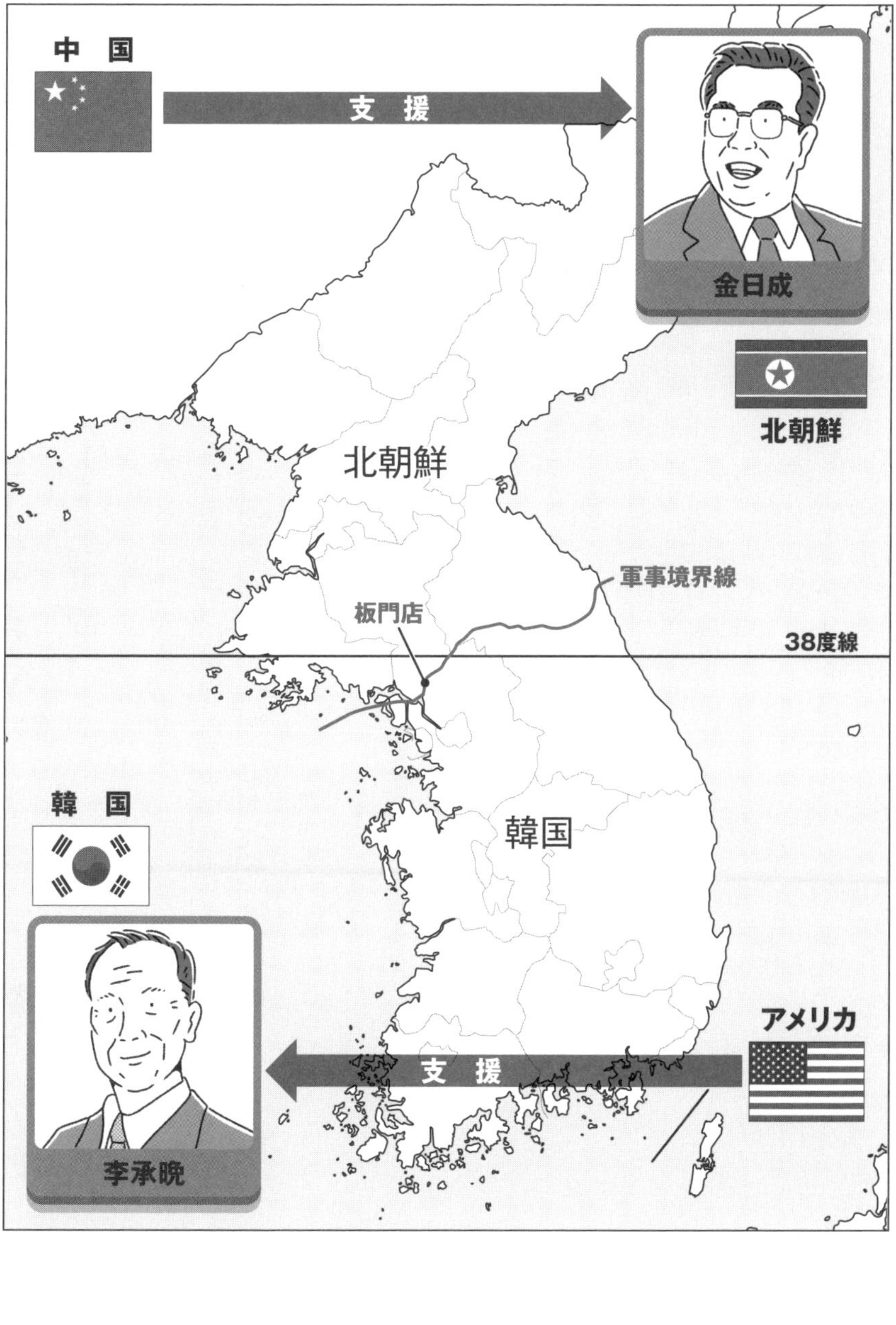

# 国境以上の分断を生じている理由は悲劇が続くイスラエル・パレスチナ①

**第二次世界大戦後、４度にわたる戦争を繰り返しながらも、いまだに紛争が収まらず、その一方で対立陣営の居住地に物理的な「壁」までもが建設され、ともすれば国境以上に深い分断が生じているのが、イスラエルの国境線の内側に設けられたパレスチナ自治区です。**

ＣＨＡＰＴＥＲ４でも触れた通り、第一次世界大戦時、オスマン帝国と対立したイギリスはユダヤ人とアラブ人の両方を味方につけるべく、双方に対していい顔をし、「パレスチナに国を作っていいよ」と約束します。

ユダヤ人には「パレスチナにユダヤ人の国を建設することを認める」とするバルフォア宣言を行い、アラブ人に対しては「オスマン帝国と戦ってくれるなら、アラブ人国家の建設を支持する」というフサイン＝マクマホン協定を結んだのです（そのうえ、フランス・ロシアとの間でサイクス＝ピコ協定を結んでいたこともＣＨＡＰＴＥＲ４で触れました）。

これが対立の始まりでした。

第二次世界大戦後、パレスチナ地域を支配していたイギリスの国力は低下し、世界のリーダーはアメリカに交代していました。移民大国アメリカにはユダヤ系の人々も多く、第二次世界

Masuda's memo

**フサイン＝マクマホン協定** アラブ側の太守であったフサイン・イブン・アリーと、イギリスの駐エジプト高等弁務官ヘンリー・マクマホンの名前から。

大戦中から「ユダヤ人の国を！」と国家建設を求める人たちが増えていたのです。さらには第二次世界大戦後明らかになった、ナチス・ドイツによるユダヤ人の迫害もこうした思いに拍車を掛けました。

１９４７年に国連が「パレスチナ地域をユダヤ人国家とパレスチナ人国家に分割する」ことを決議。１９４８年、世界中で迫害を受けていたユダヤ人がパレスチナ地域へ次々に入植し、イスラエルの建国を宣言すると、アラブ諸国は激しく反発。なんと翌日にはアラブ諸国の連合軍がイスラエルに攻め込み、第一次中東戦争が勃発します。

しかしアラブの国々は反イスラエルでは一致していたものの、元はバラバラだったうえに、これを契機に自国の領土を広げようとする勢力さえ存在したため、目的や目標が拡散してしまい、分裂。

イスラエルが優勢となり、１９４９年の停戦時にはイスラエルは建国時よりも広い地域を占領することとなります。土地を追われたパレスチナ人はヨルダン川西岸地区とガザ地区に分散され、それぞれヨルダンとエジプトが抑えることになりました。

パレスチナ地域に住んでいた人は分断されただけでなく、国外にまで追いやられる事態になってしまったのです。こうして難民になってしまった人々をパレスチナ難民と呼びます。

私が２０１９年にヨルダン川西岸地区に点在するパレスチナ難民キャンプを取材した際には、第一次中東戦争の時にテルアビブから逃げてきたという人たちがいました。

ある男性は86歳で、10代の頃に難民キャンプに逃れてきて、それ以来、難民キャンプの外には出ていないと話してくれました。実に70年近い日々を、難民キャンプの中だけで過ごしてきたのです。

１９５６年にはスエズ運河を巡ってエジプトとイスラエルが戦争となります。イスラエルには英仏がつき、英仏が運河地帯を、イスラエルがシナイ半島を占領しましたが、国際世論や国連の即時停戦決議などにより、英仏とイスラエルは撤退し、エジプトはスエズ運河に対する主権を取り戻しました。これによってイスラエルがさらに中東で孤立し、パレスチナのゲリラや他のアラブ諸国との対立が深まっていきます。

１９６７年、シナイ半島で停戦のために駐留していた国連軍が撤退すると、イスラエルはすぐにエジプト・シリア・ヨルダンを攻撃し、第三次中東戦争が始まります。わずか6日で終わったこの戦闘で、イスラエルがヨルダン川西岸地区とガザ地区を占領すると、パレスチナの人たちはまたしても住処《すみか》を追われることとなり、実に１００万人もの人たちが難民化することになってしまいます。

その一方でパレスチナ人による国家の建設、イスラエルの支配下にあるパレスチナ地区の解放を目指す動きも一層、盛んになります。１９６９年、かねてパレスチナの解放を目指すために組織されていたパレスチナ解放機構（ＰＬＯ）の議長にパレスチナ人であるアラファトが就

Masuda's memo
オスロ合意　当時、合意したアラファト議長、ラビン首相はノーベル平和賞を受賞。しかし合意から30年後の2023年、両国は激しい軍事衝突に。

任。実権を握ります。

一方、第三次中東戦争で手痛い敗北を喫したエジプトが、1973年、シリアと組んでイスラエルを強襲し、第四次中東戦争が始まってしまいます。またしてもイスラエルが勝利を収めますが、アラブ諸国がアメリカと親イスラエル国に石油の禁輸措置を行ったことで、世界的な原油価格の上昇、いわゆるオイルショックが起きます。

これは中東からはるか遠い日本にも多大な影響を及ぼすことになりました。エネルギーの8割を輸入の原油に頼っていた当時の日本では、「石油が高騰したら、あるいは石油が日本に入ってこなくなったら、モノ不足は避けられない！」とパニックが起き、人々はトイレットペーパーなどの買い占めに走ったのです。

1993年には、ノルウェーの仲介のもとでイスラエルとパレスチナの間で秘密交渉が開始されます。イスラエルを支援して来たアメリカも、当時のクリントン大統領が合意を評価し、イスラエルのラビン首相、パレスチナのアラファト議長をホワイトハウスに招き、「パレスチナ暫定自治に関する原則宣言」が調印されます（オスロ合意）。さらに1995年にパレスチナ暫定政権が成立し、2012年には国連のオブザーバー国家に認定。というと問題は残るもののうまく和平へ進みだしているように思えましたが…。〝国境〟を巡る争いは収まる気配がありません。

## 中東戦争を経るごとにイスラエルの支配地域が拡大

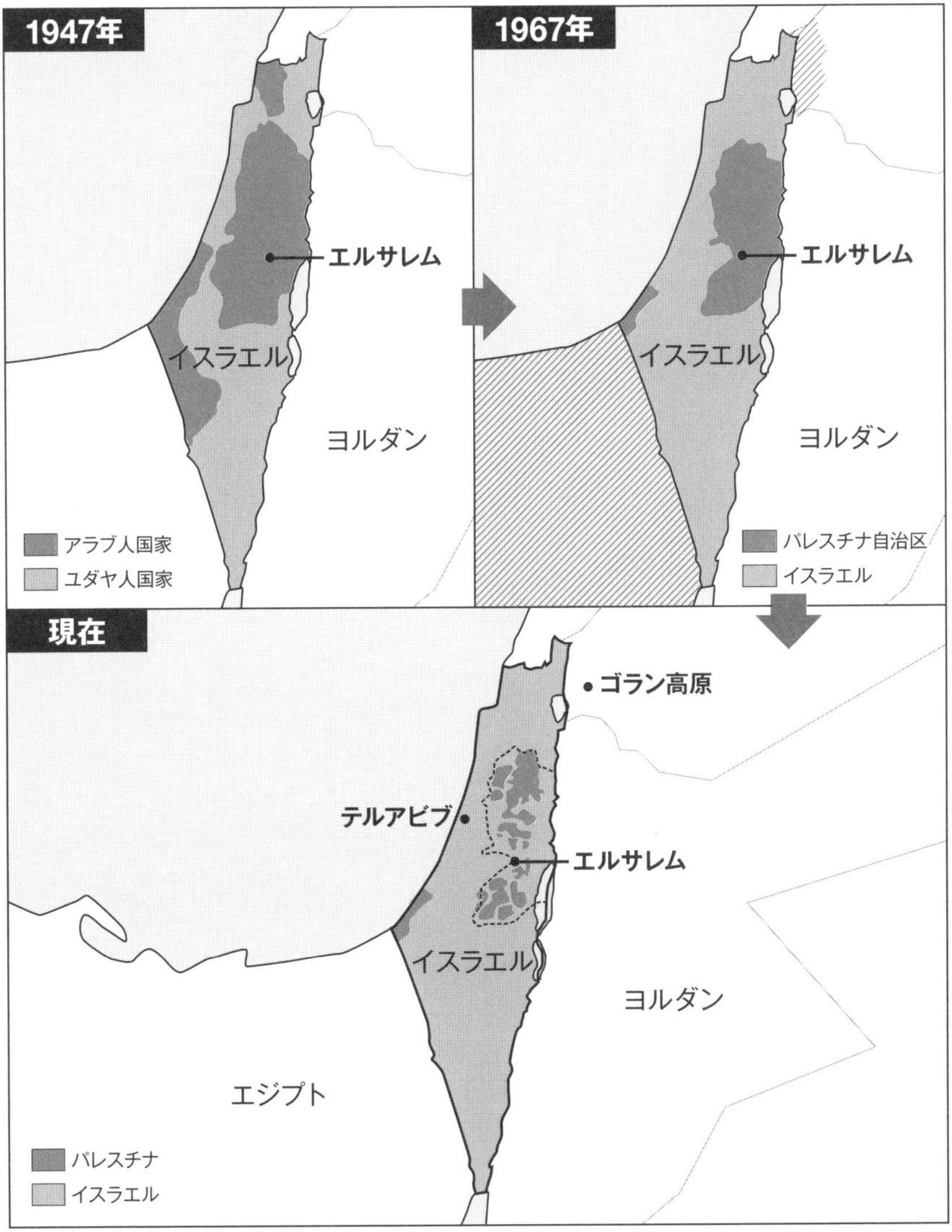


外務省HP資料をもとに作成。

## イスラエル・パレスチナの動き

| | |
|---|---|
| 1993年 | オスロ合意 |
| 1994年 | イスラエルのラビン首相、ペレス外相、パレスチナ解放機構（PLO）のアラファト議長がノーベル平和賞を受賞 |
| 1995年 | パレスチナ自治政府樹立<br>イスラエルのラビン首相暗殺 |
| 2002年 | イスラエルが分離壁の建設を開始 |
| 2004年 | PLOのアラファト議長が死去 |
| 2005年 | イスラエルがガザ地区から撤退 |
| 2007年 | ハマスがガザ地区を制圧 |
| 2014年 | ハマスとイスラエルがガザ地区で交戦 |
| 2020年 | アラブ首長国連邦とイスラエルの間でアブラハム合意が締結 |
| 2022年 | イスラエルで第3次ネタニヤフ政権が発足<br>イスラエル史上、最右翼政権とされる |
| 2023年 | ヨルダン川西岸地区でイスラエルが大規模空爆<br>ハマスがイスラエルに奇襲攻撃、軍事衝突へ |

# 現在進行形の争いはいつまで悲劇が続くイスラエル・パレスチナ②

**1995年にイスラエルのラビン首相が暗殺されると、和平交渉は続いているものの2000年には宗教的な問題でイスラエル軍とパレスチナ人の大規模な衝突が発生。イスラエル側がパレスチナとの間に「分離壁」を建設し始めます。この分離壁は8メートルもの高さがあり、現地で実際に見ましたが、まさに分断を象徴する建設物です。**

パレスチナの側も、2004年にアラファト議長が死去。のちにアッバス議長が選出されますが、穏健派で求心力に乏しく、2006年には強硬派のハマスが議会選挙に勝利し、イスラエルとの間で再び軍事衝突が繰り返される事態に逆戻りしてしまったのです。

オスロ合意から30年の節目にあたる2023年7月には、イスラエルがパレスチナ自治区のヨルダン川西岸地区の北部の地域・ジェニンに過去20年間で最大規模の軍事作戦を実施しました。ジェニンはA地区と呼ばれる、行政権・警察権ともにパレスチナ自治政府が管轄している地域。パレスチナ自治区にはこうしたA地区の他、行政権はパレスチナ自治政府、警察権（治安）はイスラエルが握っているB地区、双方ともイスラエルが管理しているC地区と3つの地

Masuda's memo

**入植** ヨルダン川西岸地区でイスラエル人が徐々に行っている移住行為。国際法上は違法だが、数万人規模の移住が行われている地域もある。

区があります。

本来はパレスチナ人のみが住むはずの自治区に、イスラエル人が「入植」、つまりパレスチナ人居住地を侵食しており、入植者を守るためにイスラエル政府も国民保護の建前で支配を拡大している実態があります。

こうした複雑な状況が、この地域の問題解決を余計に難しくさせているのです。

2023年の空爆が行われた後に駐日イスラエル大使に取材しましたが「今回の軍事作戦は空爆ではなく、イスラエル軍の撤退支援。被害を受けた民間人には申し訳ないが、テロは徹底的に潰す」と話していました。

難民キャンプといっても、パレスチナ人からすれば元々は自分たちが住んでいた土地。戦争で住処を追われたために、結果的に難民化を余儀なくされた人たちです。しかも自治区からイスラエル側に自由に行き来することはできません。不自由を強いられているうえ、軍事攻撃の懸念がある状況下で生まれ、育つ人たちの境遇を思うと、言葉を失います。

イスラエルによる空爆は難民キャンプだけでなく、パレスチナ自治区の学校や病院などを攻撃しており、これは明らかに国際法違反です。ただ、パレスチナ側のテロリストがこの国際法を逆手にとって、病院や学校に潜んでいるのも事実。

現在のイスラエルはネタニヤフ政権ですが、パレスチナに対して強硬な態度をつらぬいている極右政党と連立を組んでいるため、パレスチナとの共存はより遠のいています。

軍事作戦が実施された直後に、現地にいる「国境なき医師団」のメンバーへの取材で、こんな話を聞きました。攻撃されたジェニンの人たちに、パレスチナ自治区の他の地域の人々が救援物資を送っているそうで、「そのことに救いを覚えた」と仰っていたのです。

また、取材時に話を聞いたイスラエル人は、第三次中東戦争に従軍した際、パレスチナ人の子どもに銃口を向け、命を奪ったことを今も悔やみ、生涯背負い続けていると話してくれました。退役後は重い病気を抱えた難民キャンプのパレスチナ人の子どもをイスラエル側の大病院に運んで治療を受けられるようにするというボランティア活動をしているといいます。

ところが、2023年10月になって、ガザ地区のハマスが壁を乗り越えてイスラエルを襲撃。双方に数千人規模の犠牲が出る戦闘がおこりました。多くの犠牲と人質をとられたイスラエルは、建国以来の危機的状況に陥りました。ネタニヤフ政権は戦争内閣を発足させ、ガザ地区のハマスを攻撃、激しい戦闘に発展しました。

**宗教や大国の思惑に由来する「まだ国境の決まっていない」地域では、様々な立場や主義主張を持つ人たちがそれぞれの意志に基づいて行動しています。しかしなによりも、そこで暮らす人々の生活が少しでも安定するようにと祈らずにはいられません。**

# 入植が進むヨルダン川西岸地区

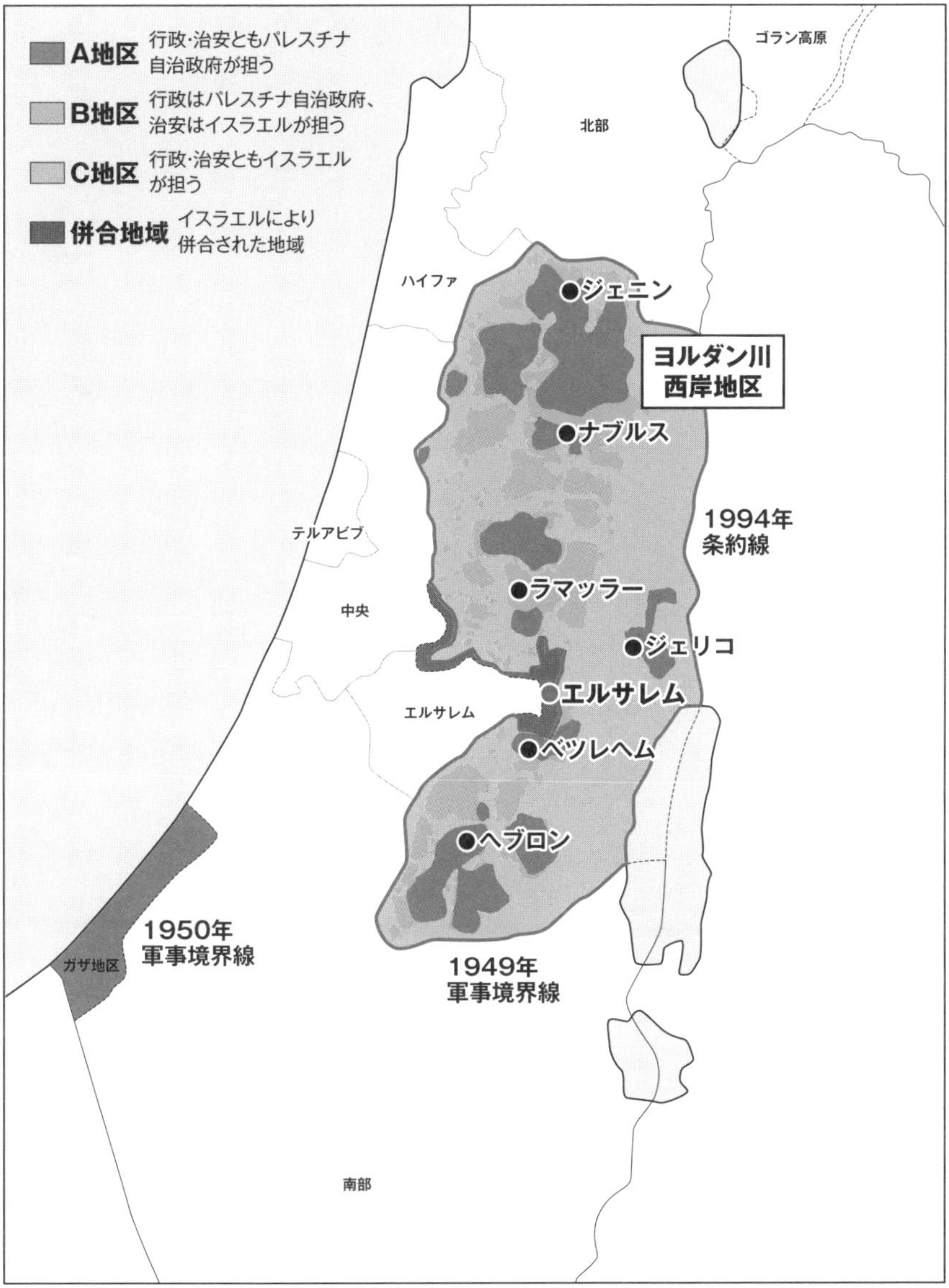


外務省HP資料をもとに作成

# 現代に起きている戦争と国境問題
# 終息が見えないロシア・ウクライナ①

日々伝えられる、一進一退の戦況。２０２２年2月24日にロシアがウクライナに侵攻してから、日本でも連日、戦線の状況が報じられました。

「ロシアが○○地域へ侵攻」

「ウクライナが××地区を奪還」

これまでほとんど耳にしたことのなかったウクライナの地名、例えば首都キーウに始まり、ミコライウ、オデーサ、ハルキウ、ザポリージャなどの都市名を報道ですっかり覚えてしまったという人もいるかもしれません。

**21世紀にこうした「戦況報道」を耳にすることになるとは思いもよりませんでしたが、ロシアによるウクライナ侵攻から、現代を生きる私たちが学ぶことはたくさんあります。**

ある国が戦争を起こし、どのように国境線を広げようとしているのか、攻め込まれた国がどうやってそれを退けるのか、歴史上、何度も繰り返されてきた戦争と国境の問題が、今まさに目の前で展開されているからです。

**ロシアは２０１４年にもウクライナに侵攻し、この時はそれほど大きな戦闘にもならず、ま**

Masuda's memo

キーウ　報道などでも元は「キエフ」と表記されていたが、ロシア語由来であるとして途中からウクライナ語由来の「キーウ」表記に変更された。

**た戦闘自体も短期的なもののうちにクリミア半島へ侵攻。直後に〝住民投票〟も行われ、クリミアはロシアに併合されることになりました。**

このとき、親ロシアで独立派とみられる武装勢力もロシアを支援しており、これが2022年のウクライナ侵攻にも影響を及ぼします。ロシアは「ウクライナ国内で迫害を受けている親ロシア派やロシア語系住民を守る」ことを口実に、ウクライナに侵攻したからです。

ウクライナ国内では「公的な場所ではロシア語ではなくウクライナ語を使うべし」とするルールがあったことも確かです。もともとはウクライナではウクライナ語が第一公用語で、ロシア系住民が多く住む地域ではロシア語を第2公用語としていいというルールになっていました。しかし2014年のロシアによるクリミア侵攻後、非ウクライナ語をプライベートな場やミサなどの宗教的な場面以外では話してはいけない、という法律ができたのです。その後、反発を受けて撤廃しましたが。

ウクライナにはハンガリー語を話すハンガリー系住民もおり、取材で話を聞いたハンガリー人は、こうしたウクライナの政策に強い不満を持っていました。ロシア系住民の中にも、おそらく反発する人がいたのでしょう。もちろん、言語に対する弾圧が事実だったからと言って、侵攻を容認する理由にはなりません。

## ロシアとウクライナを巡る世界の動き

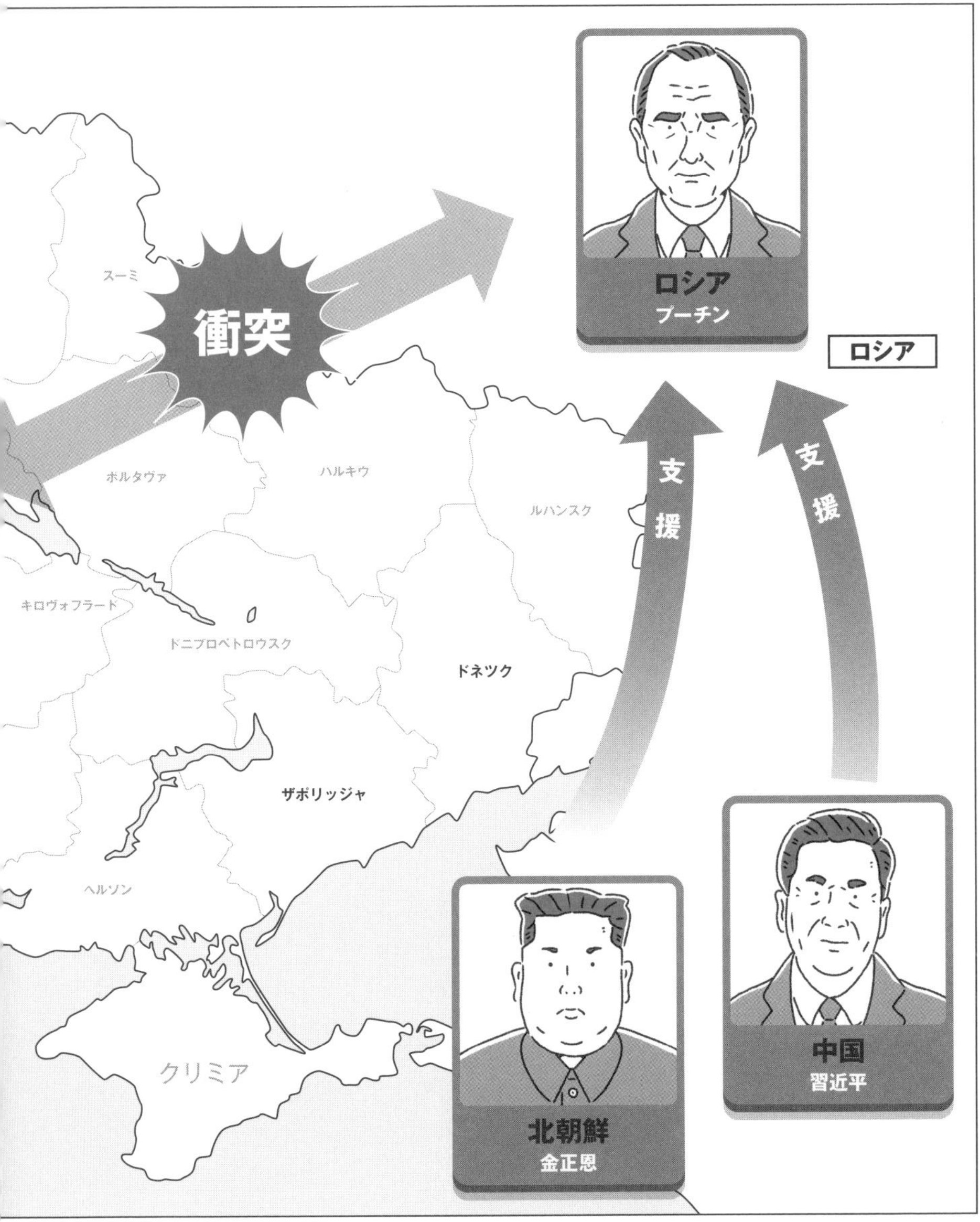

**現在も続いているロシアによるウクライナ侵攻。**
**世界中が影響を受け情勢を見守っている。**

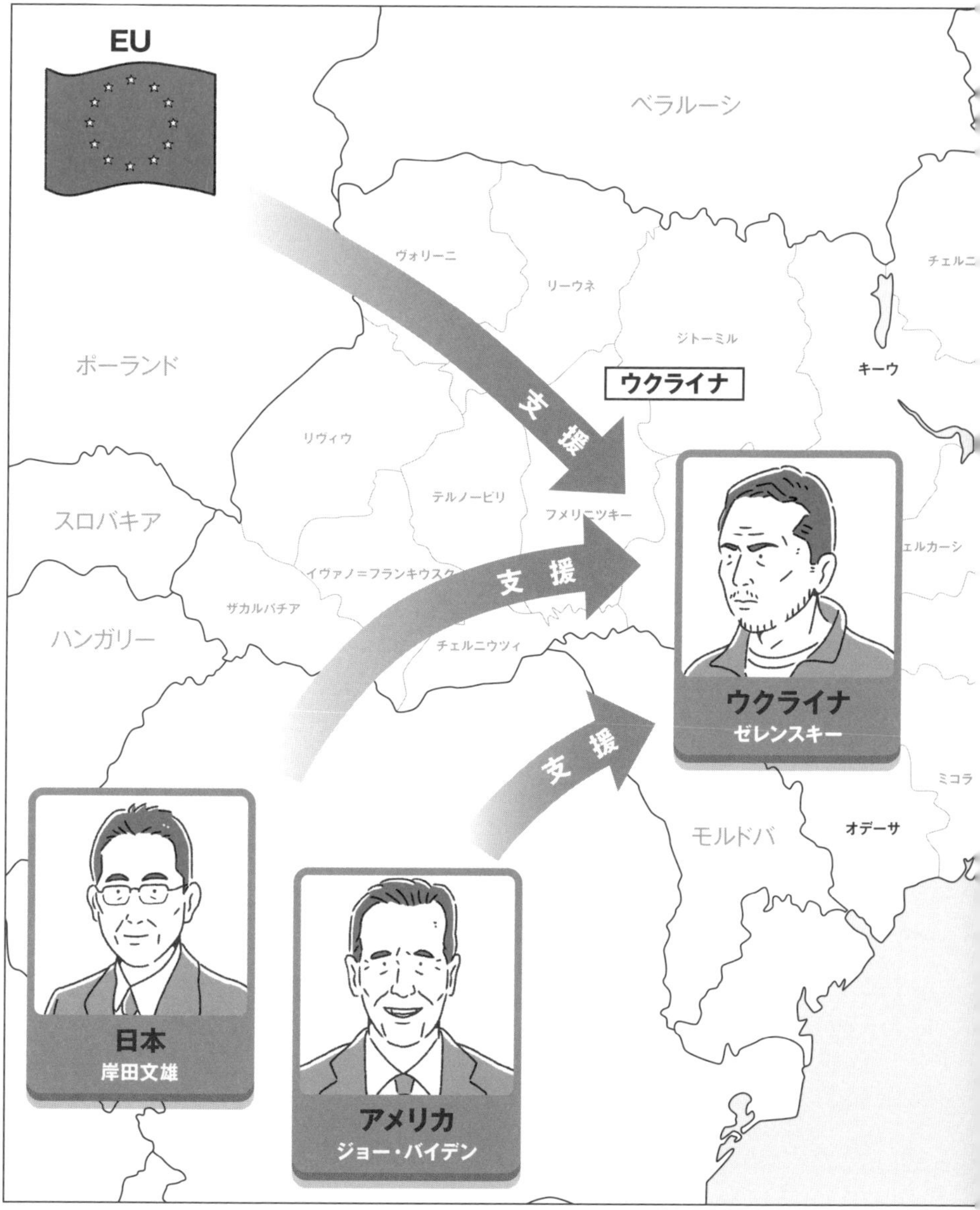

# ロシアの侵攻が行き着く先
# 終息が見えないロシア・ウクライナ②

そもそも**ロシアは「ウクライナはもともとロシアの一部であり一体不可分で、兄弟のような関係である」と主張しています。**ウクライナはロシア革命が起きた1917年にウクライナ人民共和国となったものの、1917年からソビエト軍との戦争に敗北し、1919年にはウクライナ＝ソビエト社会主義共和国となり、ソ連の一部に組み込まれました。

しかし1930年代に、ホロドモールという大飢饉に見舞われます。数百万人が犠牲になったとも言われるこの飢饉は天災等によって起きたものではなく、ソ連による農民の強制移住や穀物の過剰な徴収の結果として起きたもので、ソ連のスターリンがウクライナを支配するための政策としてあえて引き起こした人為的な飢饉であり、近年では一種の計画的大量殺人だったという見方も強まってきています。

そして1991年8月に独立を宣言し、12月に行われた国民投票で正式に独立が承認されました。ウクライナにとっては悲願の独立でした。

ロシアによる侵攻後、日本でもウクライナ国旗をよく見かけるようになったのではないかと思います。青と黄色の二色に分かれた国旗が空と小麦畑を表していると言われるように、ウク

Masuda's memo

ホロドモール　ウクライナ語で、飢饉や飢えを意味する「ホロド」と、殺害・絶滅・疫病などを意味する「モール」を組み合わせた造語。

ライナは「世界のパンかご」と呼ばれるにふさわしいほどの小麦を収穫しています。その総量は年間２５００万トン以上とも言われています。

世界中で使われる小麦のうち約３割を生産しているロシアとウクライナが戦うことになったからこそ、２０２２年秋ごろから世界的に小麦の値段が高騰し、日本でも輸入先のカナダやアメリカの天候不順により、パンやうどんの値上げが避けられない状態になりました。さらにロシアに対する経済制裁で各国がロシアの天然資源を買い控えるようになったことも、原油価格を押し上げることになってしまったのです。

**侵攻が開始されてから7か月後の2022年9月には、ロシアがウクライナ東部・南部の4州を「〝住民投票〟の結果に基づきロシアに併合する」と宣言しました。ウクライナはもちろん、国際社会は住民投票を認めていませんし、当然、国境線の変更も認めていません。**

住民投票といっても、住民たちは親ロ派の軍隊が監視する中、秘密も守られない状態での投票を余儀なくされたもので、住民たちの真の意志が表明されたものとは到底、言えないからです。

一方、**ウクライナでは2022年10月、日本人としては意外な内容の決議が議会で採択されました。なんと、「北方領土は、ロシアによって占領された日本の領土だと確認する」という決議だったのです。**

なぜ、ウクライナが北方領土を？　実は北方領土にはウクライナから移住した人がかなり多いことも前提にありますが、ウクライナとしては、「領土の一部をロシアに一方的に併合された」という共通の立場を持つ日本との連携を強め、ロシアへの圧力としたいという考えがあったようです。

また、島国の日本としてはなかなか思いつかない発想ですが、ロシアの西側で国境を接するウクライナにとって、日本はロシアの東側の隣国。つまり、ウクライナにとっての日本は「ロシアを挟んだお隣同士」だというのです。そして侵攻を受けているウクライナと、ロシアとの間に領土問題を抱える日本が足並みをそろえることで、ロシアにプレッシャーをかけたい、という考えもあったのでしょう。

本書執筆時点では、**まだロシアによるウクライナ侵攻の着地点は見えていません。和平交渉や停戦交渉を求める声もありますが、ウクライナとしては「どこかで線を引いて国境線を定めても、ロシアが再び国境を越えて攻めてこないとは限らない」と考えるため、簡単には妥協できない状況にあります。**

# ウクライナのロシア軍支配地域

2024年1月時点。米国戦争研究所レポートをもとに作成

韓国と北朝鮮の軍事境界線。いまだ緊張感が続く。

ヘブロンのマクペラの洞穴。アブラハムの墓がある聖地でかつてテロの現場と化した。

# 取材写真から伝える世界の現実

かつてハンガリーに属した国境の町で、地元の牧師に話を聞く。

祖国を追われ、パリでパティシエを目指す亡命申請中の少年たち。

ロシアで「NO WAR」を掲げ、パリに亡命したオフシャンニコワさん。

民主化運動弾圧直後の香港理工大学。現場に残る雨傘が悲しい。

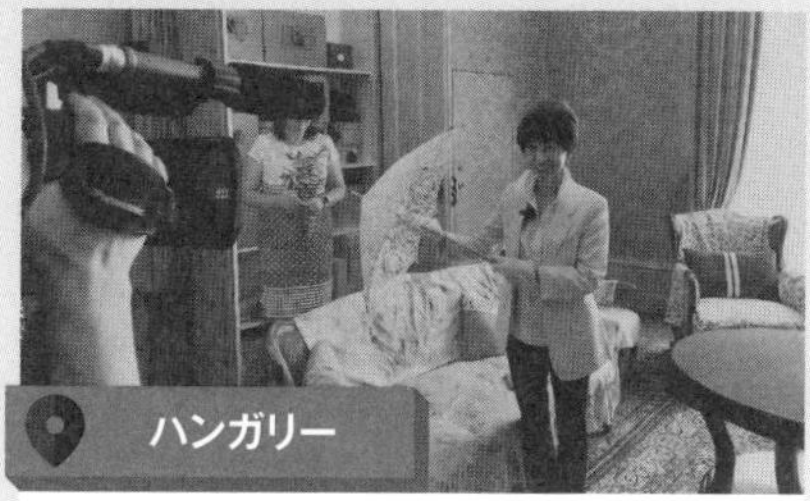


エリザベートお気に入りのグドゥルー宮殿で、
王妃を追体験。

中学入学前のオリエンテーションは森の中。
一緒にパンを焼いた。

ベトナム戦争でアメリカ軍を攪乱した
クチトンネルを体験。

首都サラエボに隣接するスルプスカ共和国
に、今なお残る地雷原。

## 自らの野性のカンを信じて これからも取材をし続ける

ホロコースト生還者のエーヴァさん(95歳)。
それでも「憎しみをもってはいけない」と語る。

パレスチナ自治区を分離する
高さ8mの壁。

CHAPTER 6 **IKEGAMI'S EYE**

# 池上は、こう読んだ

私たちが世界地図を見ると、あちこちに白い部分があります。インドとパキスタン、インドと中国の間に国境が実線ではなく破線になっている箇所もあります。日本の地図でも南サハリンや千島列島は白くなっています。日本の「ここは放棄したが、ロシアとの間に北方領土問題があって、国境が画定していないのだ」というアピールなのです。

朝鮮半島はいまも休戦状態。戦争は終わっていないのです。そもそもは北緯38度線が国境になりましたが、朝鮮戦争の結果、軍事境界線が休戦ラインとなったままです。休戦ラインは南北2キロずつが非武装地帯となり、戦車や装甲車、大砲などを配備してはいけません。朝鮮半島全体が「非武装地帯」になればいいと思うのですが。

国境が画定していないと、紛争の原因になりますが、あえて国境を画定しないでおけば、意外に紛争が起きないかも知れない。そんなことを夢想してしまいます。インドと中国の国境紛争では、互いに銃器を使わないことでは合意できているのです。EUのシェンゲン協定のように、両国民が自由に往来できれば平和になるのですが。

# 参考文献・ウェブサイト


●「今がわかる 時代がわかる 世界地図2023年版」（成美堂出版）
●「改訂版 詳説世界史研究」木下康彦、木村靖二、吉田寅編（山川出版社）
●「世界史用語集 改訂版」全国歴史教育研究協議会編（山川出版社）
●「教育立国フィンランド流教師の育て方」増田ユリヤ（岩波書店）
●「現場レポート 世界のニュースを読む力」池上彰・増田ユリヤ（プレジデント社）
●「国境の時代」宮脇昇、樋口恵佳、浦部浩之編（大学教育出版）
●「最新 世界紛争地図 66の地図で見る世界の紛争」
パスカル・ボニファス、ユベール・ヴェドリーヌ／神奈川夏子訳（ディスカヴァー・トゥエンティワン）
●「詳説世界史図録」（山川出版社）
●「増補改訂版 平和・環境・歴史を考える 国境の本①～⑤」池上彰監修（岩崎書店）
●「地理用語集 第2版」地理用語研究会編（山川出版社）
●「地図でスッと頭に入る アジア25の国と地域」井田仁康監修（昭文社）
●「地図でスッと頭に入る アメリカ50州」デイビッド・セイン監修（昭文社）
●「地図でスッと頭に入る 世界の民族と紛争」祝田秀全監修（昭文社）
●「地図でスッと頭に入る 中東&イスラム30の国と地域」高橋和夫監修（昭文社）
●「地図でスッと頭に入る 中南米&北アメリカ 36の国と地域」井田仁康監修（昭文社）
●「地図でスッと頭に入る ヨーロッパ47カ国」ジョン・タウンゼント監修（昭文社）
●「地図で見るイスラエルハンドブック」フレデリック・アンセル／鳥取 絹子訳（原書房）
●「地図とデータで見る国境問題の世界ハンドブック」
ユゴー・ビヤール、フレデリック・アンセル／蔵持不三也訳（原書房）
●「データブック オブ・ザ・ワールド2023 世界各国要覧と最新統計」（二宮書店）
●「ニュースがわかる 世界各国ハンドブック」世界各国ハンドブック編集委員会編（山川出版社）
●「物語 ベルギーの歴史 ヨーロッパの十字路」松尾秀哉（中央公論社）
●「歴史と宗教がわかる! 世界の歩き方」池上彰・増田ユリヤ（ポプラ新書）
●「ワケありな国境」武田知弘（ちくま文庫）

●外務省 https://www.mofa.go.jp/mofaj

# おわりに

国境に関することでなにか本を書くことができないか。最近そんなことを考えるようになりました。最初の海外取材は、2002年春に訪れたニューヨーク。37歳にして初めてパスポートをとり、ボストンバッグ1つで成田空港に向かいました。2001年9月11日に起きた、アメリカ同時多発テロのその後を見に行こうと思い立ったのです。「国境越え」初体験です。JFK空港では、テロの直後ということもあって、入国審査で渡米の理由などをかなりしつこく質問されました。日常会話もおぼつかない英語力の私は、ネイティブ・スピーカーの英語がよく聞き取れず、片言で答えた内容が正しかったかどうかもわかりませんでした。

ホテルに荷物を置くと、すぐにテロの現場に向かいました。すべてが崩れ去った世界貿易センタービルの跡地です。第一印象は「砂ぼこりの舞うグレーがかった世界」。現場を囲む金網の塀には、犠牲になった人たちを悼む写真やメッセージが括り付けてあり、街は閑散としていました。ニュースで見ていただけの世界とは、明らかに違います。頭で考えていることと、現実の間にはズレが生じる。そのことに気付いた瞬間でした。

以来、できるだけ現場に足を運びたいと思うようになりました。教育レベルがトップクラスの北欧の国フィンランド。世界の隠れ家と言われる移民大国フランス。国際紛争の火種、イスラエルとパレスチナ自治区。クリミア半島がロシアに併合される前のウクライナ。シリア難民危機に揺れるヨーロッパ。トランプ大統領誕生前後のアメリカ。民主化運動に敗れた香港。気がついたら国境を越えて渡った国は、40カ国以上になっていました。

1つひとつの取材は、一見バラバラのように見えるかもしれません。私自身、取材に出るときには、「野性のカン」だけを頼りに夢中になって飛び出していくのですから、端から見ればきっと理解不能でしょう。でも、現場で見たこと感じたこと、出会った人たちとのふれあいの中で生じた疑問の答えをまた次の取材で見つけようとする。その繰り返しで今日まで来ました。振り返ってみると、その積み重ねがすべて現在起きている国際紛争や外交問題に繋がっていることに私自身が気付き始めたのです。それぞれの問題を語るときに、必ず登場するのが「国境」だということを。

宇宙から見た地球には、どこにも国境線などひかれていません。人間が勝手に作った国境に人間が翻弄されているのです。気候変動をはじめ、国境を越えて地球全体で考えなければならない問題がいかに多いことか。分断から共生へ、争いから平和の道を歩んでいくためにはどうしていったらいいのか。本書がそのハードルを越える一助となれば、幸いです。

本をまとめるにあたり、ライターの梶原麻衣子さん、編集担当の若松友紀子さんのおふたりに大変お世話になりました。もちろん、私の大先輩である池上彰さんにも。

この場をかりてお礼を申し上げます。

2024年1月

増田ユリヤ

# まとめ

国境学という名称は馴染みのないものでしょう。でも、読んでいくと、いかに人々が争い、多くの人が犠牲になっていったかを痛感します。まさに国際情勢を知る本なのです。ところが「国際情勢」と銘打たずに「国境学」としておけば、国境をめぐる人々の思いが立ち上ってきます。国境など作られたくなかったのに、為政者同士の意地と名誉欲と領土欲で、勝手に分断されてしまった人々の存在が見えてきます。

あるいは、同じ言語を話していた人々が別の国に分かれてしまったり、言葉や文化の違う人たちが一緒になってひとつの国民として生活しなければならなくなったり。

突然、自分にとっては理解できない言語を強制され、話せなければ公職に就けないとなると、その怒りはどれほどのものか。

これまで移民や難民の問題を継続的に現地で取材してきた増田さんだからこそ描ける国境の風景なのだと思います。

増田さんによると、最初は学力世界トップクラスのフィンランドの教育を実地で見たいと飛んで行ったそうですが、次に伝手をたどってフランスに行く。日本の女性の多くは「花の都パリ」に憧れ、ブランド街でショッピングするのでしょうが、増田さんが出没するのは中東やアフリカからの移民が多く住む地区。難民としてフランスまでやってきた人たちを手厚く保護するフランス人の様子を取材しているのです。

と思ったら、本文にもあるように、東欧諸国を回ったり、アメリカの不法移民を取材したり、さらにはアメリカ大統領選挙の取材までしてしまいます。

大手のメディア企業に属することなく、「野性のカン」（本人曰く）で、ニュースになりにくい現場に駆けつける。その成果が、ここに余すところなく発揮されています。

そして、「ニュースになりにくい」と思っていたら、やがて大きな国際問題に発展していく。「野性のカン」が見事に発揮されています。

この本のシリーズタイトルは、「明日の自信になる教養」です。単に物知りになる「教養」ではなく、自信を持って生きていけるための教養を読者に深めてもらおうと企画されました。読んでみたら、「なんだ、国境って、そんなにいろいろあるんだ！」という自信がついたはずです。

これからの世界はどうなるのか。中東問題にしろロシアのウクライナ侵攻にしろ、まだまだ続く難問です。でも、そこには歴史の積み重ねがあり、人々の暮らしがあり、人々の悲嘆が存在しているのです。人々の思いに心を寄せることができるか。それこそが明日の「教養」になるのだと思います。

２０２４年１月

## 増田 ユリヤ

JULIA MASUDA

1964年生まれ。ジャーナリスト。國學院大學卒業。27年にわたり、高校で社会科を教えながらNHKのリポーターを務めた。現在テレビ朝日系列「大下容子 ワイド!スクランブル」に出演。同番組で、池上彰とニュースの徹底解説コーナーも担当。国内外の問題を幅広く取材・執筆している。著書に『揺れる移民大国フランス』、『カタリン・カリコ mRNAワクチンを生んだ科学者』(いずれもポプラ社)など。

## 池上 彰

AKIRA IKEGAMI

1950年生まれ。ジャーナリスト。慶應義塾大学卒業後、NHK入局。94年から11年間、「週刊こどもニュース」のお父さん役として活躍。独立後は取材執筆活動を続けながら、メディアでニュースをわかりやすく解説し、幅広い人気を得ている。『知らないと恥をかく世界の大問題』シリーズ(小社刊)など著書も多数。



**明日《あした》の自信《じしん》になる教養《きょうよう》① 池上《いけがみ》 彰《あきら》 責任編集《せきにんへんしゅう》**

**ニュースがわかる国境学《こっきょうがく》**

2024年2月19日 初版発行

| | |
|---|---|
| 著　者 | 増田《ますだ》ユリヤ |
| 責任編集 | 池上《いけがみ》 彰《あきら》 |
| 発行者 | 山下直久 |
| 発　行 | 株式会社KADOKAWA<br>〒102-8177<br>東京都千代田区富士見2-13-3<br>TEL: 0570-002-301(ナビダイヤル) |
| 印刷所 | 大日本印刷株式会社 |
| 製本所 | 大日本印刷株式会社 |





Printed in Japan
ISBN 978-4-04-897669-5　C0030